刑法の根底にあるもの

増補版

西原春夫
NISHIHARA Haruo

成文堂

増補版はしがき

本書はもともと一粒社という出版社の企画した「現代法律学の課題」の一環として一九七九年に出版されたものであった。その後一粒社が解散し、版権が成文堂に移ることになった。私としてはその後の変化に応じ、発展した学術状況に即して大幅な改訂を加えたいと考えていたが、他のことに関心と時間を奪われ、今日までついにその目的を達していない。

ふしぎなことに、本書は日本よりも中国でよく読まれた。日本に二度留学したことのある上海社会科学院法学研究所所長の顧肖栄氏が早い時期に中国語に翻訳して下さったおかげであろう。とくに中国が社会主義を基本としつつ市場原理をとり入れはじめ、新たな思想体系の構築を模索していた時期であったために、マルクス主義の学術的意義を根底から否定し去ることは避けつつその欠陥を指摘した本書の論述が、中国の若い研究者の目に止まったのかもしれないと考えている。

いずれにせよ、本書の中国語訳がすべて売り切れたため、中国側から増補版発行の要請がしきりに来るようになった。私としては前述のような訂正版を完成させた上で新たな中国語訳を刊行して頂こうと考えていたが、私の方の都合で、訂正版そのものを完成させる時間的余裕がどうしてもとれなくなった。そこで、読者にはいましばらく我慢して頂くこととし、元の論述にどうしても訂正を加えなければならない部分には注をつけ、現状を認識して頂けるようにした。そして巻末に「法律学を学ぶ意義」と題する講演の再現を登載することとした。

元の論述を読み返してとくに気になったのは、本書のテーマに関連する限りではあるが、マルクス主義の思想と正面から対決した部分である。東西冷戦構造が終焉して十五年余り経った今この本を書き出したなら、決してこの問題にこれだけの紙数を削くことはなかっただろう。しかし当時はこれをゆるがせにしては論述の体系性を主張できないほどに、それは重大な問題だったのである。日本の今の読者にとっては、すでに克服された課題に力みかえって取り組んだ印象を免れないと思うが、当時これとの対決を経た上で組み立てた主張であることを理解して頂くために、あえてそのままを残すこととした。たった二十五年の間の時代の変化を実感する部分である。

読み直してみてさらに自ら不十分だと思うのは、欲求を中心とする人間行動の科学がその後非常に発達したにもかかわらず、それが反映されていないという点である。この点や論述の最後の詰めの部分を含め、本書の根本的な改訂版はぜひ近く完成させたいと考えている。このような性格の研究は、とりわけ私ども年輩の研究者の責務だと思うからである。

二〇〇三年（平成一五年）六月一日

西 原 春 夫

旧版　はしがき（抜粋）

「刑法の根底にあるもの」という、まさに途方もないテーマで本を書くについては、一つの大きな動機があった。大学の教壇に立って刑法の講義をするようになってから今年でちょうど二十年になるが、刑法研究者としていつも気になってならなかったのは、何故人間社会に刑罰とか刑法というものがあるのか、国家はどのような理由で刑罰権を持ち、それを行使することが許されるのかという、刑法学のもっとも初歩的なことを書いた本がただの一冊もないばかりか、実は自分自身、刑法の講義をしながらそのことについて一向に考えがまとまっていないということである。学生諸君が聞いたら、いったい何というだろうかと思うと、いても立ってもいられない気持であった。しかし、他方、そのような本をまとめるには、本来専門分野についての深い洞察とともに、他の学問分野についての広い学識が必要である。それは容易なことではない。そこで、つい易きについて、自分にはその能力がないから誰かふさわしい方が書いて下さればよいがとも思ったし、また自分が書かざるをえなくなったとしても、還暦でも過ぎないことにはとうてい書き出すことのできない大変な仕事だとも考えた。この逃避には、ぬるま湯のような安楽さがあった。

だが、ひるがえってみると、相応の年齢に達した者が社会に向かって刑法について発言をする以上、この逃避が許されないことはいうまでもない。自分の刑法学をきちんと自分の人生観の上に位置づけ、しかもそれを人々に明らかにしておくことは、他の人生観に立つ刑法学に対する発言を、少なくとも一つの理論として理解して頂くための不可欠の前提といわねばならない。しかも、この問題について少なくとも考える筋道だけでも示すことは、刑法や刑法学に興味を持つ人人に対するわれわれ研究者の義務でさえあるように思われた。

心の中のこの厳しい要請に出会ってとつおいつ考えているうちに、数年前から一つの妥協策が浮かんできた。それは、今の段階の未熟な考えを、率直にノートに書き下してそれを一冊の本に客観化し、自分自身さらに思索を深める基礎にすると同時に、読者の方々に対し一緒に考えて頂く手がかりを提供するというものであった。そのようなことを漠然と考えている矢先に現われたのが、この一粒社の企画である。私は恥ずかしさを押し切って、この妥協策を現実に移すことを決意した。

そのようなことで、本書はすべてはじめから書き下したものである。しかし、執筆の最終段階は、意に反して西ドイツでの在外研究期間になだれこんでしまった。そのようなことで、引用文献や登場人物の生存期間の確認、あるいは校正などについて、早稲田大学助教授野村稔君（当時）

および私の研究室に所属する早稲田大学大学院法学研究科の学生諸君に、種々面倒なお手伝いを頂いた。ここに、併せて、心からお礼を申し述べたいと思う。

昭和五十四年（一九七九年）六月二十二日

西南ドイツ・フライブルクの
ある美しい初夏の夜

西原春夫

目次

序　章　刑法の根底にあるものを求めて

第一節　考察の目的

一　刑法は人を処罰する法律である。人を処罰するには何か理由がなければならない。誰かが処罰されるに足るだけの何か悪いことをしたという事実がなければならない。そこで、刑法は、ある人が他の人に対して、お前は処罰に価いする悪い行為をしたのだという判断をすること、つまり人が人を裁くことを前提とする。

ところが本来人が人を裁くことはできるのだろうか。その答えは、遺憾ながら、否である。人を裁くためには、人間のどのような行為が絶対的に正しく、どのような行為が絶対的に誤りであるかを、それこそ誤りなく洞察できることが前提となるが、はたして人間にその能力があるだろうか。また、人を裁くためには、その人がその行為を行なったということ、そしてそれが被害者や周囲の人たち、あるいは社会、国家に対してどのような意義を持つかということを誤りなく確定できることが前提になるが、知識、経験に限りのある人間にそれがはたして可能だろうか。さらに、人を裁くためには、自分は決してそのような悪い行為はしないという自信がなければならないが、およそ人間はそのような自信を持つことができるだろうか。人を裁く資格のある者がいるとすれば、それは全知全能の絶対者、すなわち神のみであるといわなければならない。

それにもかかわらず、人は人を裁くことを片時もやめることなく今日に至っている。人類は、その長い歴史の中で、一度たりといえども法や刑罰や裁判制度を廃止したことがない。それでは、人間は古代から今日に至るまでの長いあいだ、ずっと誤りを犯し続けてきたのだろうか。トルストイのいうように、人を裁いたり刑罰を執行したりする人は「公許の罪人」（中村白葉訳・復活・下巻（岩波文庫）三六二頁）なのだろうか。

宗教の立場からは、この問いに対しては、やはり「そうだ」と答えざるをえないだろう。聖書の中の有名な言葉だが、姦淫した女を人々がキリストのところへ連れて行き、「モーゼは律法の中でこういう女は石で打ち殺せと命じたが、あなたはどう思うか」と問うたところ、キリストは「あなたがたの中で罪のない者が、まずこの女に石を投げつけるがよい」といわれたので、人々はひとりびとり帰ってしまったという（ヨハネ伝第八章）。また、有名な山上の垂訓の中で、キリストは、「人をさばくな。自分がさばかれないためである。あなたがたがさばくそのさばきで、自分もさばかれ、あなたがたの量るそのはかりで、自分にも量り与えられるであろう。なぜ、兄弟の目にあるちりを見ながら、自分の目にある梁を認めないのか。自分の目に梁があるのに、どうして兄弟にむかって、あなたの目からちりを取らせてください、と言えようか。偽善者よ、まず自分の目から梁を取りのけるがよい。そうすれば、はっきり見えるようになって、兄弟の目からちりを取りのけることができるだろう」と述べている（マタイ伝第七章）。しかし、人間は結局、自分の目から梁をとり除くことはできないだろう。せいぜい梁をとり去ろうと努力することができるか、梁をとり去ったと誤信するかのいずれかでしかない。

しかし、人には人を裁く能力、資格がないから、神の裁きを待つまでのあいだ何事が起こっても人が人を裁くことを見合わすことがはたして正しいだろうか。裁きをやめても秩序が保てるぐらいに人は道徳的だろうか。答えは明らかに否である。人は神のように人が裁けないのと同様に、神のように道徳的でありえない。人は神を希求しつつ同時に誤ちを犯す存在である。もし神の裁きがあるまでのあいだ人の裁きをやめたとしたら、強い者が理由なく弱い者の利益を侵し、利益を侵された弱い者は、泣く泣くみずからの運命を呪うか、あるいはひそかに復讐を企てるかのどちらかの道をとることになるだろう。被害者がしなくとも、被害者を愛している周囲の人がそれをするだろう。

人が人を裁くことは、本来はできない。しかし、人が人を裁かないことから生ずる不正義と、人が人を裁くことから起こる不正義とを比較してみると、前者のほうがはるかに大きい。そこで、人間は古くから、人が人を裁くことの不正義を甘受し、許容し、是認して今日に至ったのである。人が人を裁く制度は、そのような意味で、一つの「必要悪」にほかならない。人を裁くための基準である刑法も、人を裁いた結果科せられるところの刑罰も、同様に、必要悪にほかならない。

二　ところで、この刑法だが、「刑法」というのは、読んで字のとおり「刑罰」[1]を規定した法律である。もう少し厳密にいうと、どのような行為をした場合にどのような刑罰が科されるかを規定した法律である。刑罰を科されるべき行為を犯罪というから、刑法は、犯罪と刑罰および両者の関係を規定した法律であるといってよい。その代表的なものは、六法全書などに載っている、明治四〇年制定の「刑法」という名前の法律であるが、広い意味の刑法は単にそれだけに限られない。およそ違反した場合に刑罰を科すことを規定した法律すべてがこれに含まれるのである。[2]

ある人がある悪い行為を行ない、裁判に付され、これに対して刑罰を科そうとする場合、基準となるのがこの刑法である。刑法には、必ず、どのような行為をすればどのような刑罰が科されるかが規定されている。裁判官は、刑罰を科すにあたってこの刑法を守らなければならない。「守らなければならない」というのは、単に、刑法によって刑罰を科されることが定められていない行為に対して刑罰を科すことができない、というばかりでなく、刑法が定めている刑罰の限度を超えて刑罰を言渡すこともできない、という意味である。このような原則を「罪刑法定主義」というが、これについてはのちにふたたびふれることとなろう。いずれにせよ、刑法は、人間のどのような行為がどの程度悪い行為とされているかを国家の名において明らかにした法律であり、このような刑法なくして犯罪はなく、刑法なくして刑罰はないわけである。

このような刑法も、前述のような意味では「必要悪」の一種である。とくに刑法は、法の中でも違反した場合に死刑や懲役、罰金など、個人の重大な利益を国家の名において奪うことを正面から認めた法律だから、必要「悪」の度合いも一段と高いといわざるをえない。そこで、このように程度の高い必要悪だということになると、つねにその存在の合理性、正当性が吟味されねばならないわけである。存在の合理性、必要性が明らかでない法律によってわれわれ国民が日常生活を規制され、違反した場合に刑罰という重大な利益侵害を加えられ、犯罪者の烙印を押されるのではたまったものでない。刑法の中には、立法の当初からその合理性、正当性の明らかでないものもあれば、当初はそれがあっても時代の変遷につれてなくなったというものもあるだろう。したがって、その吟味は、つねに行ない続けなければならないのである。また、その吟味は、すでに出来上がって効力を有している刑法を対象とするばかりでなく、立法過程にある法案にも向けられねばならない。また、ひいては、どのような刑法を作るべきかという立案過程における考慮にも加えられねばならないわけである。

(1)　現行法上、刑罰の種類は、死刑、懲役、禁錮、罰金、拘留、科料であり、そのほか、これらの刑（主刑）に付加して科されることのある没収がこれに加わる（刑法九条）。これらの刑を科す場合には、必ず裁判所の裁判によらなくてはならない（憲法三一条）。もっとも、他の法律には、人の自由や財産を剝奪する不利益処分が規定されていることがある。たとえば監置（法廷等の秩序維持に関する法律二条）、運転免許の取消・停止（道路交通法一〇三条以下）、許可の取消、営業の禁止・停止（たとえば食品衛生法二二条等）、過料（たとえば大気汚染防止法三七条）などがこれである。これらは行政上の処分であって、刑罰には含まれない。

(2)　六法全書に載っている、明治四〇年制定の「刑法」以外で刑罰を規定した法律、いいかえれば違反した場合に刑罰という法効果を科される法律は非常に数多い。大別すると、右の「刑法」の付属法規的な性格を持った「特別刑法」と、本来は行政取締のための行政法規であるが、行政取締目的を確保するために部分的に違反に対して刑罰を科すことを規定した「行政刑法」とに分かれる。前者の例は、軽犯罪法、暴力行為等処罰に関する法律、爆発物取締罰則、火炎びんの使用等の処罰に関する法律、商法の罰則規定などであり、後者の例は、道路交通法、銃砲刀剣類所持等取締法、火薬類取締法、大気汚染防止法、水質汚濁防止法などの罰則である。

三　刑法の存在の合理性、正当性の吟味は、しかし、なまやさしいものではない。合理性があるか、正当性があるかというのは文化的な価値判断だから、価値判断の基準や立場のいかんによって種々様々の答えが出てくるからである。数学の答えのように、採点者の立場からみて「正しいか、間違っているか」のどちらかであればよいのだが、そうなりえないところにこの判断の困難さがある。

しかし、困難だといって当惑しているだけでは、国家刑罰権の濫用から国民の権利を保護することはできない。何としてもその吟味に立ち向かわねばならないのである。その場合に、明らかにしなければならないのは、吟味のシステムである。どのような事項をどのような順序で検討していくか、そのシステムが明らかでなければ、吟味そのものが覚つかなくなってしまう。それでは、その吟味のシステムをどうやって探求したらよいだろうか。

問題の核心は、刑法を制定する原動力を探ることである。たとえば、ある法案が立案されたとする。その法案の合理性、正当性を吟味する筋道には種々様々のものがあるだろう。規定の文面があまりに包括的で、どのような行為を処罰しようとしているのか一見明らかでないとか、犯罪の軽微さに比較して刑罰が重すぎるとかの、比較的技術的な性格を持った欠陥は、その点だけを改善すればよいから、ここでは考察の外におくことにしよう。問題となるのは、その種の行為を今後犯罪とし、それに対して刑罰を科すこと自体の当否である。そのような行為を犯罪とするのは、あまりにも日常生活の些細な点まで国家が介入しすぎるとか、民事上の損害賠償その他の法分野における法効果でまかないうるから、あらためて刑罰を科す必要はないとか、比較法的にみてそのような行為を処罰している国はほかにないとか、いろいろの批判が可能だろう。しかし、それらの批判に対して、いや、わが国における近時の社会生活の動向からして、その種の行為を抑制しないと被害者の利益侵害が大きすぎる。抑制のためには、損害賠償などの法効果では不十分であって、刑罰という強力な手段を使わなければならない。外国ではその種の行為があまり多くないから処罰されていないだけであって、これはわが国固有の立法問題である、という再批判が返って来た場合、論争は水かけ論になってしまう。この場合に、論争を水かけ論に終わらせないための方法は、このような立案がなされる原動力を探求することである。

立案の原動力は、しかし、単純なものではない。幾重にも層をなす複数の原動力が微妙にからみ合い、影響しあって立案という行動にまで現われてきたのである。その種の行為が近時多発するようになったこと、その種の行為によって被害を受ける人が黙っていられなくなったこと、立案当局者がそのような声に動かされたこと。表面だけをかいつまんでみてもこれだけの項目が浮かび上がってくるが、さらに奥深くへわけ入ってみると、その種の行為が多発するようになった経済的社会的要因が見つかるだろうし、横道へそれてみると、立案当局者が立案に決意した過程の中に、被害住民が激烈な住民運動を起こしたとか、有力な学者が説得力をもって立案当局者に影響を与えたとかの要因が発見されるかもしれない。

けれども、刑法の制定・立案に対する現実の原動力を探求するだけでは、その刑法の存在の合理性、正当性が明らかになるわけではない。その原動力が、本来の筋に沿っているかどうかの検討がなければ、それは明らかにならないであろう。そこでまず、そもそも一般的にいって、刑法制定の原動力にはどのようなものがあってしかるべきかを考察することが必要となる。その筋道が明らかになってはじめて、特定の刑法の制定・立案に対する具体的な原動力がそれから逸脱しているかどうかの評価が可能になり、その刑法の存在の合理性、正当性を判断するのに重要な参考資料が供せられたことになるだろう。

このように、刑法の背後にあって刑法の立案・制定の原動力となるもの、それを本書は「刑法の根底にあるもの」と名づけ、その探求、分析を本書の最大の目的とした。それは、つまるところ、何故刑法は存在し、国家はどのような根拠から国民に対して刑罰を科すことができるのかという、刑法学のもっとも初歩的でしかも最高レベルの考察につらなるものである。

第二節　考察の方法

一　刑法の根底にあるものは何か。本書は分析の体系を織りなすに際して、別個の横糸と縦糸を使用することとしたい。このうち、まず横糸はさらに二つの色の異なる糸を編んで出来たものである。第一の糸は、刑法の根底に当然あってしかるべきもの、つまり、一般的にいって刑法制定の原動力たるべきもの、たりうるものの探求である。それは、刑法の根底にあるべきものを、建前、筋、理念といった側面から考察することにほかならない。たとえば、議会制民主主義が理想どおりに機能していることを前提にして刑法制定の原動力を考えるのが、この方向からの考察である。

しかし、現実の刑法制定過程は、決して理念どおりであるとは思われない。刑法を制定するのは国会であるとしても、たとえば議会の外から圧力団体の圧力とか、政治献金の影響とか、議員定数の不平等とか、およそ議会制民主主義本来の筋から逸脱した力が刑法制定にとくに影響を与えることはありうることである。このように、個々の具体的な刑法制定に対し、本来の筋からはずれて影響力を与える力があるとしたら、それもまた刑法制定の原動力であり、刑法の根底にあるものに含まれることになる。むしろ、そのような現実を直視しないで、単なる建前のきれいごとだけで刑法の制定過程を分析するとしたら、それは人を惑わすものといわねばならない。

このように、本来の筋からはずれた刑法制定の原動力をたずねることは、前述のような理念的考察とは異なるところの、刑法の根底にあるものの現実的考察である。両者をはっきり区別しながら追究することによってはじめて両者の比較が可能になり、そうしてはじめて立法にあたり筋からはずれた原動力が働いたか否か、それはどのような力であったかを分析することができ、それを立法批判の資料とすることができるのである。前者は、いわば国家刑罰権実現の生理現象の考察であり、後者はその病理現象の考察であるということもできよう。本書はこの二つの考察を分析の横糸とするものである。

これに反して、縦糸は分析の順序にかかわるものである。前述のように、刑法の背後には刑法を制定させる数多くの要因がひそんでいるが、必ずしもすべてが同じ深さに並んでいるわけではない。刑法の制定を表層に現れた現象とすれば、その表層の一層下に浅くひそむ原動力もあれば、表層からずっと遠い、地殻にわだかまる最奥の要因もある。そしてその中間には、各種の層に根ざした各種の要因が体系的にひしめいているのである。浅いほうから順次深いほうへ行くか、一番奥から順次表面へ出て行くか、それはどちらでもよいのであって、どちらか都合のよいほうをとることとなろう。論理的には、もっとも深奥にある原動力が順次表層に近い原動力を誘い出し、最後に刑法を制定させる直接の原動力を喚起するのだから、考察もその順序にするのが本来の筋であろう。しかし、現在の時点では、何が原動力であるかさえ定かでない。もっとも深奥にある要因などは、地底の奥深くに姿をかくし、そのありかさえ見出すことが困難である。そういう状態の場合には、比較的見えやすい表層近くの要因から出発し、順次奥へ奥へと掘り進んでいくのが合目的的であろう。近い原動力をまずとらえ、それをして刑法制定に駆り立てた要因は何かを追求するという形で考察を進めるほうがはるかに容易である。本書はこのような手法をとろうと思う。そして、このような手法が、まさに本書を織りなす縦糸となるのである。

二　刑法の根底にあるものを求める作業に着手するにあたって確定しなければならないのは、考察者のイデオロギーである。なるほど、刑法制定の原動力の体系を論理的に明らかにしていくに止まる場合には、考察者がどのような政治的立場であるかはさほどに影響を及ぼさないだろう。しかし、要因を数え上げるについても、現状に対し批判的であるかどうかがかかわり合いを持つが、批判的であるということ自体、一つの政治的立場を明らかにすることにほかならない。まして刑法制定の原動力のうち、どれが本来あってしかるべきものであり、どれが本来の筋を逸脱しているかを判断するためには、考察者の政治的立場が確定していなくてはならない。

しかし、イデオロギーの体系を示すことは、それ自体で一冊の本を必要とする。それは本書の任務とするところではないだろう。また、本書の読者の政治的な立場は多様であると思われる。一つの政治的な立場のみで考察を貫くと、他の政治的な立場に立つ人はこれを利用しえないということにもなりかねない。そこで、本書はまず、多くの読者に共通の普遍的政治原理として、憲法の認める諸原則を出発点とし、これは動かさないこととした。平和主義、国民主権主義、人権尊重主義、三権分立主義などの諸原則がこれである。これら憲法上の諸原則の趣旨から逸脱する刑法制定の原動力は、あるべからざるものとして排斥しなければならないことになる。

しかし、筆者の立場決定をこれのみにとどめておくことは、やはりできない。元来、人間の行動に一定の法則性があることは誰しも認めるところであるが、法則の拘束力を非常に強いものと考えるかどうかとか、法則の根源を何に求めるかについては、周知のように困難な争いがある。とくに戦後社会科学を論ずる場合にどうしても避けて通ることのできないのは、マルクス主義に対する立場決定であろう。本書を執筆するについても、それは一つの大きな山場であった。

マルクス主義をめぐる論争には、これまで、一〇〇パーセント認めるか、それとも全然認めないかといった、あたかも宗教の世界におけるような様相がなかったとはいえない。しかし、たとえば現在の日本の政治が、企業献金などを通じてとくに大企業に有利に仕組まれているのではないか、そしてそれが現在における日本の生産関係という下部構造から派出しているのではないかという疑いを持たない人は、マルクス主義を批判する人の中にもほとんどいないだろう。逆に、現在の日本で革命を成就して労働者独裁（執権、ディクタツール）の国家機構を作り出した場合、国民生活が今より格段によくなるという確信の持てない人が、唯物史観を信奉する人の中にもいるに違いない。これはほんの一例であるが、そういう点の——しかも本音どうしの——細かいつき合わせは、両陣営のあいだでまだ厳密になされているとは思われない。そこで、本書のようにマルクス主義に対する立場決定自体が目的でないような論稿の場合、そこは現段階における筆者の思うところに従って書き流していくほかはないだろう。部分的な批判が出て来ても、それは全所説の否定を意味するのではないし、部分的な肯定が行なわれても、全体系に対する賛同を意味するのではない。筆者自身の世界観が完全に確立しているとはとてもいえないが、場当たりの賛否を唱えているつもりはないのであって、筆者としては一本の筋から他の世界観を論評するという態度は見失わないように心がけた。

第一章　刑法制定権力の構造

第一節　刑法制定原理としての罪刑法定主義

一　さていよいよ、刑法の根底にあるものを求めて困難な探検を開始するが、その第一歩は、刑法の制定に対し直接原動力となる力、すなわち国会における刑法制定権力の上にしるすことにしたい。刑法の根底には複雑な諸要素が存在するが、本書の考察は、前述のように、もっとも表層にあるものから順次もっとも底層にあるものへ遡るという方法をとろうとしているからである。

ところで、刑法制定権力が原則として国会に付与されているという現在の制度は、決して古くからあったものではなく、むしろ一九世紀以降の近代国家建設時にようやく確立されたものであった。それまでは、いわゆる罪刑専断主義が支配し、どのような行為が犯罪とされ刑罰を科されるのかは、必ずしも法律によって全的に示されておらず、裁判官あるいは権力者の恣意によって、その時々の事件ごとに定められたのであった。しかし、それでは国民の自由な行動範囲が明らかとならず、国民は国家によって不意打ちをくらう結果となりかねない。のみならず、そこでは、刑法は主権者が一方的に定め、国民は他律的にその刑法に服従するのみであるという状態が続いたのであった。このような状態は、しかし、フランス革命を思想的に指導した一八世紀の啓蒙思想家たちにとって耐えられぬことであった。そこで彼らによって唱えられたのが、いわゆる罪刑法定主義であり、それはフランス革命直後の人権宣言（一七八九年）、一八一〇年のフランス刑法を経て、全世界に広がったのである。

罪刑法定主義は「法律なければ犯罪なく、法律なければ刑罰なし（nullum crimen sine lege, nulla poena sine lege）」（フォイエルバッハ）という標語の形で表現されているが、要するに、裁判官が犯罪を認定し刑罰を言渡すためには、どのような行為が犯罪とされ、どの程度の刑罰が科されるかをあらかじめ示したところの法律によらなければならない、という原理を指す。このような罪刑法定主義の確立によって、国民はたしかに国家権力による不意打ちを免れることができたのである。しかし、罪刑法定主義は、議会制民主主義と結びつくことによって、もう一つ別な趣旨を持つこととなった。それは、国民のいわば自主規制とでもいうべきものであって、犯罪と刑罰の範囲は、刑罰を受ける国民がみずから代表者を通じて決定するという趣旨である。たしかに一定の行為が犯罪とされ、その行為を行なえば刑罰という強制が加えられるということは、国民の自由が一定限度において制限されたことを意味する。したがって、刑法がもし国民の関与なしに主権者によって制定されるとしたら、国民はその限度において不自由なものとなる。しかし、その不自由を国民がみずから決めたのだとしたら、自律という意味での自由はなお保たれていることになる。啓蒙思想家が絶対君主制の桎梏から国民を解放すべく説いた自由主義は、必然的に議会制民主主義の要求となり、それは不意打防止を主目標とする罪刑法定主義の要請とも結合することとなった。

このように、罪刑法定主義には明らかに国民の自主規制という趣旨が含まれているが、このことは、罪刑法定主義の内容（あるいは派生的原理）の一つとして「罪刑の法定性」ということを掲げ、違反した場合に刑罰を科せられる法規範は、国会で制定される「法律」という形式をとらねばならない、と要求するところに結実している。もっとも、本来法律によるよりは行政官庁の定める政令に委ねたほうがよいような規制についても、違反した場合に軽い刑罰を科すことが適当なものもないとはいえない。そこで、憲法第七三条第六号は、法律による委任のある場合に限って政令に罰則を設けることを是認している。さらに、いわゆる白地刑罰法規、すなわち犯罪成立要件の細目を政令、告示など内閣、行政官庁によって発せられる下位規範に委ねているような法律の存在も、処罰されるべき行為の範囲に関する国民の予測に反しないかぎり、一般に肯定されている。

このようなきわめてわずかの例外を除いては、刑法制定権力は立法府たる国会に集中し、内閣、行政官庁や裁判所は違反した場合に刑罰を科せられる法規範をみだりに創り出すことを許されていない(1)。これは、近代国家の指導理念である国民主権主義、議会制民主主義、三権分立主義、そして罪刑法定主義などの諸原則から派生した制度である。そして、それらの諸原則の根底に、いわゆる啓蒙主義的人間観、つまり人間は生まれながらにして平等に理性を授けられ、その理性にしたがって行動することのできる立派な存在であるという合理的人間観が横たわっていることは、いうまでもない。

(1)　さらにもう一つの例外は、都道府県や市町村などの普通地方公共団体が制定する「条例」に罰則を規定する場合である(地方自治法一四条三項)。このような条例は、当該地方公共団体のみに効力を有するから、当該地方公共団体の住民の代表者より成る地方議会で制定したのであれば、罪刑法定主義に反することはないだろう。最高裁も、このような立場からこの種の条例を合憲としている。

第二節　刑法制定権力の機構

一　憲法第四一条によれば、国会は国権の最高機関であって、国の唯一の立法機関であるとされている。現に、法律案は、同第五九条によれば、憲法に特別の定のある場合を除いては、両議院で可決したとき法律になるとされているのである。前述のように、刑罰を規定した法規範はつねに国会によって制定される法律の形をとらねばならないから、刑法制定のもっとも直接的な原動力は、国会にあることがここに明らかになった。刑法の根底にあるもののうちもっとも表層に近く位置するのは、国会である。

しかし、刑法は形式的には国会が可決し制定するものであるが、実質的には必ずしも議員の全員の賛成にもとづくものとは限られない。法律案の可決のためには、原則として出席議員（総議員の三分の一以上を必要とする）の過半数の賛成が必要であり、衆参両院で異なった議決がなされた場合の、衆議院における再議決の場合には出席議員の三分の二以上の賛成が要求される。したがって、厳密には、刑法制定の具体的な原動力は、法律案に対する賛成議員の賛成投票にあるというべきだろう。制定されるべき刑法が国会段階で制定に失敗したとすれば、国会議員の反対投票がこれに寄与したことになる。

それでは、法律案に対する賛成・反対議員をして賛成・反対投票に駆り立てた原動力はいったい何か、ということが次に問題となる。刑法の根底にあるものへの探求作業は、表層からはじめて一歩、深みへともぐり込むこととなるわけである。その場合、われわれは現在における議会政治の現実を前提にすると、まず第一に、賛成・反対議員の所属する政党の統一的な方針に行き当たらざるをえない。もっとも、政党政治の支配する今日においても、党員たる議員は政党の方針から独立した自由な投票権を持っており、現に党の方針に反した投票がなされることも稀ではない。しかし、政党が政治理念の近似した人々の組織であり、組織には一定の秩序が必要である以上、政党の党員の議院活動に対するコントロールは、党規などを通してかなり強いものがあり、他面、党員は選挙運動や議院活動にあたって政党の恩恵をこうむることが多い。このようにみてくると、法律案への賛否の決断に対し、政党の統一方針が影響を与える度合いは非常に強いとみざるをえないし、現に投票結果が政党別、党派別に分かれる場合はかなり多いようである。そうであれば、政党の統一方針は、刑法制定の直接の原動力となった賛成・反対議員の賛成・反対投票に対し、有力な原動力となることが多いとみるべきであろう。

しかし、政党の基本方針も、それだけで独立に形成されるとは限らない。さらに外部からの影響力のある場合が考えられる。そのような影響力の中で比較的定型的なものは、第一にマスコミ等の世論であり、第二に圧力団体であり、第三に政治献金である。第一の、マスコミ等にあらわれる世論は、ある一定の非行によって被害を受ける国民あるいは住民の処罰感情を集約的に表現する。処罰感情がある程度の規模、程度に達しているのにこれを放置すると、国民は政治不信に陥り、遵法精神が弛緩し、場合によっては自力救済の実力行使に出ないとも限らない。したがって、世論の動向に注目することは政府にとって必要不可欠であり、それに目をつぶることは、政治的な自殺行為に等しい。そこで、被害の状況や国民住民の声などのマスコミによる報道は、刑罰法規の立案、立法を促す重要な原動力になると思われる。

第二の圧力団体は、また利益集団とも呼ばれ、法律用語ではなく政治学用語であるが、近時このようなカテゴリーの政治運動を無視することは不可能になったように思われる。もっとも、一口に圧力団体といっても、大小、強弱、永続的なものと一時的なものなど種々様々のものに分かれるが、政治に影響力を行使することによって成員の特殊利益を促進・擁護しようとする組織という点では、大きく共通分母にくくられると思う。その病理現象についてはのちに考察することとするが、このような圧力団体が政党の統一方針に影響を与えうるとすれば、それは刑法制定に対する第三次的な原動力たりうるであろう。

第三の政治献金については、いろいろと問題が多い。政治活動を行なっていく上でかなりの資金が必要であることは否定できないが、政治資金は出所のいかんによっては個々の政治活動ないし国の基本的な政策そのものを歪曲する危険性が大きい。わが国では、戦後の昭和二三年に議員立法によって政治資金規正法が制定され、政党、個人、あるいは個人の所属する政治団体の政治資金集めにある程度規制が加えられていたが、(1)政界の腐敗を防止するほどの力はとうてい持つことができなかった。そこで、疑獄事件などが起こるたびに規制の強化を望む声が国民のあいだから起こり、また総理府内部に選挙制度のあり方と同時に政治献金に関する問題点を審議する選挙制度審議会が設置され（昭和三六年）、数次にわたって政治資金の規制に関する答申が出された。

しかし、いずれの答申も内閣がこれをとり上げないか、あるいは法案作成の段階で骨抜きとなった法案が国会に提出され、しかも審議未了に終わるという状態が何年も続いた。このような、政治資金規正法改正の流産癖に終止符を打ったのは、昭和五〇年の三木内閣時代であり、野党はこの改正にもなお不満であったが、一応従前の規制を多少強化する改正案が、可否同数、議長採決というきわどい状態で参議院を通過したのであった。(2)(3)しかし、これによっても、政治資金の不明朗さは、いっこうに拭われたとはいえない。政治資金と政策決定のあいだに相関関係があるとすれば、それは病理現象にほかならない。そこで、この点はのちに考察することにしよう。

このように、世論や圧力団体や政治献金が、議員あるいは政党の政治活動に対して影響を及ぼすとすれば、本書の考察は、さらに遡って、なぜこのような圧力団体の行動や政治献金などが行なわれるのか、それらへの原動力は何かを追及しなければならない。しかし、そこには政治と経済に関する一般的な議論が登場するので、考察を少しく後まわしにすることにしよう。そして、ここでは、法案を提出する権限そのものに考察の光を当てておくことにしたい。

(1)　この法律の基本的な特色は、一定事項について届出（六条）のなされた政治団体（三条）に対する寄付を、会計帳簿の備付け、報告書の提出・公開などを条件に公認する、というものであった。重要な違反に対しては刑罰が科されている（二三条以下）。

(2)　この法律によるもっとも大きな改正点は、寄付に対する量的質的制限を設けたことで、たとえば個人からの寄付は二千万円、法人からの寄付は資本金あるいは出資金の額によって異なり、最高三千万円とされたこと、国から補助金、利子補給金、資本金などの交付を受けている法人からの寄付を禁止したことなどがあげられる。

（3）なお、政治資金規正法は昭和五〇年以降も数度の改正がなされている。重要な改正として、昭和五五年、平成四年、平成六年の改正があげられる。

具体的には、昭和五五年の改正は、一連の航空機疑惑問題（ロッキード事件等）の経験を踏まえ、その防止措置の一環として、政治家個人の政治資金の収支報告の義務付け等を内容とする。

平成四年の改正は、政治資金パーティーの適正化や、政治団体が有する資産等の公開、制裁の強化等を内容とする。

平成六年の改正は、政治資金と密接な関連を有する選挙制度改革と軌を一にするもので、会社・労働組合等の団体の寄付の制限や、公職の候補者の政治資金の公私の峻別、制裁の強化等を内容とする。

二

刑法の制定に対し直接的な原動力となるのは、国会における議員の、法案に対する賛成もしくは反対の投票であり、それに対しては、政党の統一方針、世論、圧力団体の行動、政治献金などがさらに直接間接の原動力をなすことを以上にみてきた。しかし、議員の賛成・反対投票も、法案が国会に上程されなければそもそも存在することがない。法案の提出は、賛成・反対投票の不可欠の前提である。そこで、刑法制定の直接的な原動力である議員の賛成・反対投票からさらにその原動力を求めて遡ると、政党などとは別な筋道の中に、法案の上程という政治活動が見出される。そこで、ここでは、法案の上程過程を考察しておかなくてはならない。

国会に法案を上程する道筋は、現行法制上四つのものが認められている。第一は議員の発議による方法であって、衆参両院議員はいずれも法案を含む議案の発議権を有している。憲法、国会法はともに議員の「法案」発議権を正面から規定していないが、国会が国の唯一の立法機関であるところからして、それは当然のことと考えられている。ただその手続については制約があり、議案（法案以外のものも含む）の発議をするには、衆議院においては議員二〇人以上、参議院においては議員一〇人以上の賛成を要する。また、予算を伴う法律案を発議するには、衆議院においては議員五〇人以上、参議院においては議員二〇人以上の賛成が必要である（国会法第五六条第一項）。第二の道筋は、委員会の発議による方法であって、両議院の委員会は、その所管の事項に関して法案を提出することができる。その場合、提出者は委員長である（同法第五〇条の二）。第三のルートは、各議院の提出による方法であって、これは、一方の議院が、議員の発議、委員会の提出にかかる議案を議決し、その議院から他方の議院に提出することを意味する（同法第六〇条参照）。以上の三つの方法による立法を、俗に議員立法と称する。

これに対し、第四のルートは、内閣の提出による方法である。内閣に法案提出権があるかどうかについては、憲法に明文の規定はなく、ただその第七二条が内閣総理大臣の職務権限として、内閣を代表して議案を国会に提出する権限を認めているにすぎない。その点から、内閣に法案提出権があるか否かにつき多少争いもあったが、現在では、これを肯定する見解が支配的である。

憲法第七二条にいう「議案」の中からとくに法律案を除外する根拠はとくに見当たらないし、議院内閣制を認めている憲法の建前からしても、内閣に法案提出の権利と義務を認めることがむしろ必要であるように思われる。現に非常に多くの法案が内閣から提出されている。

このように、法案の発議・提出には四つの方法があり、それぞれの方法による法案の発議・提出にはまた各種の原動力が働くとみられるが、その前に一つ注意しなければならないのが、内閣による法案提出に至るまでの立案過程である。ここでは対象を刑罰法規の立案過程に限定するが、大別すると三つの種類のものに分かれるように思われる。第一は、刑法典のような基本法の全面改正を行なう場合であって、今次の刑法全面改正事業がその一つのモデルを示したものとみることができよう。すなわち、その場合、刑法全面改正の要旨の諮問を法務大臣から受けた法制審議会では、その中に臨時の部会（刑法全面改正の際には「刑事法特別部会」）を設け、かなり詳細な審議を長年（八年半）にわたって行なったのであった。そして、そこでの審議の対象となった原案も、法務省刑事局内部で官僚の手によって作成されたものではなく、これに先立って少数の学者、実務家より成る刑法改正準備会が審議、作成したところの草案（改正刑法準備草案）だったのである[1]。その後、法務省刑事局内部で法制審議会案（改正刑法草案）の検討、関連法規整備の準備作業が行なわれ、五一年には中間報告と代案の提示も行なわれたが、まだ内閣へは提出されていない[2]。

これに対し、第二の種類のものは、刑法の一部改正や、刑法の付属法規的な性格の法律（いわゆる狭義の特別刑法）の制定の場合であって、通常は法務省刑事局参事官室で原案を作成し、法務大臣の原案として常設の法制審議会「刑事法部会」にはかり、その承認を得た上で内閣に提出するという方法がとられる。戦後の数次にわたる刑法の一部改正や、「航空機の強取等の処罰に関する法律」（昭和四五年）、「人の健康に係る公害犯罪の処罰に関する法律」（同年）、「火炎びんの使用等の処罰に関する法律」（昭和四七年）、「航空の危険を生じさせる行為等の処罰に関する法律」（昭和四九年）などの諸法律は、いずれもこのような手続にのっとって立法された。

第三は、いわゆる行政取締法規の中で罰則（処罰規定）を含むところの法律を立案する場合である。この種の法律は本来的な刑法でなく、元来は行政法規であり、ただその実効性を担保するために刑罰が用いられているので、広い意味の刑法の中に含まれるにすぎない。そこで、これらの法律の立案は法務省刑事局の管轄ではなく、関係各省のしかるべき部局で行なわれる。しかし、これら各省で立案された法案の場合には、法制審議会あるいはその刑事部会にあたるような、専門家より成る審議会の審議を必ずしも経ないので、その点に問題が感ぜられる。もちろんこれらの法案の場合も、他の――前述のような特別刑法の場合も含む――法案と同様、いずれかの段階で内閣法制局および法務省刑事局の手によって点検されるから、その点はさておくとしても、法律制定の必要性、他との均衡性、刑罰の重さ、刑罰のバランス等についてすべての法律につき統一的な観点から検討がなされることがないので、それだけに不純な原動力がしのびこんだ場合、法律制定以前にその不自然さを発見し、事前にこれを是正する道が十分開かれていないように思われる。

いずれにせよ、戦後、このようなルートを通って非常に多くの行政取締法規が制定された。これらの法規は、むしろ刑法や前掲のような特別刑法以上に国民の日常生活、経済生活、あるいは企業活動などに規制的な効果を及ぼすので、立案・立法過程における外部からの原動力は、おそらく多彩なものがあると想像される。

(1) もっとも、「刑事法特別部会」における審議に際しては、改正刑法準備草案は「重要な参考資料」にとどまり、実際には、五つの小委員会に提出された「試案」ないし「素案」の中に、法務省刑事局の意向が盛られたものが混在し、それが小委員会ならびに部会の人的構成と相まって最終的な案として残ることが多かった。刑事局参事官はすべて検事だから、検事特有の治安維持的発想から案が作成されるのはむしろ当然であり、それが、必ずしもまったくストレートではないにしてもかなり通りやすかったところに、出来上った改正刑法草案に対し激烈な批判がまき起こった一つの大きな原因があったように思われる。もちろん、政府は治安維持について責任を持つから、そのような発想が立法にあたり参考とさるべきはいうまでもない。しかし、その発想がストレートに法案にあらわれないための保証は、立案過程において確保されねばならない。現行の立案過程は、そのような意味で、今一つ問題をかかえているように思われる。

(2) その後、全面改正は断念され、平成七年の改正では、法文が口語化されるなど表記が平易化されるとともに、尊属加重規定およびいんあ者に関する規定が削除されるにとどまった。

第三節　刑法制定権力の病理

一　以上述べたような、現行法制のもとにおける刑法制定権力の機構そのものも、決して唯一絶対の正しい制度というわけにはいくまい。いろいろ問題はありうるだろう。しかし、現行の機構そのものは、少なくとも建前が正しく生かされるならば、それ程悪い制度ではない。むしろ問題なのは、その制度が現実に働く場合にその内部に生じてくるいろいろな病理的現象である。事が刑法の制定という、関係者にとっては利害関係の大きい行為であるだけに、そこには本来の建前からはずれた不純な力が働く可能性は強いとみなければならない。

しかし、ここに、本書としては学問的に興味の深いものをみる。なぜなら、病理的な現象が生ずるということは、とりもなおさず、建前どおりの筋書をできるだけ自己に有利な方向へ動かそうとする欲求の存在することを示唆するからである。さらに、もしそのような病理現象を容易に治癒させうるにもかかわらずこれを放置しているものがあるとしたら、そこにもまた、このような病理現象を自己に有利なものとして利用しようという欲求の存在することが推測されるからである。これによって、われわれは刑法制定権力という、もっとも表層に近いところにある原動力からさらに一歩掘り下げる、その方向を知ることができるのではなかろうか。その欲求のありかを突きとめ、その欲求がなぜ生ずるかを考えたならば、刑法制定権力を蔭で動かす力を見つけることができるかもしれない。

二　刑法制定権力の中心をなすのは、前述のように国会議員の投票権であるが、それに関連した病理現象として特筆しなければならないのは、現行選挙区制ないし議員定数不均衡の問題である。現行憲法のもとにおける衆参両院議員選挙の選挙区制および議員定数の基本は、昭和二五年に制定された公職選挙法によって確立された。各選挙区への議員定数の配分は、いうまでもなく当時の人口比を考慮して行なわれたものと思われるが、その後人口の移動が絶えず、とくに大都市に人口が集中し、それだけ過疎地域の人口減が顕著になってきた。その結果、議員定数の不均衡という問題が生じ、公職選挙法は昭和三九年と五〇年の二度にわたり一部改正がなされて、多少の是正が行なわれた(1)。

しかし、いずれの改正の場合にも抜本的な改善が施されなかったために、この不均衡の問題が裁判所で争われる例が生じた。その中でもっとも注目すべきは、昭和五一年四月一四日の最高裁大法廷判決（民集三〇巻三号二二三頁）である。事件は、昭和五〇年における公職選挙法改正前の昭和四七年一二月一〇日に行なわれた衆議院議員総選挙をめぐって争われたものであって、当該選挙は昭和三九年の改正による公職選挙法第一三条、別表第一および同法附則七項ないし九項にもとづいて行なわれたが、この規定による各選挙区間の議員一人あたりの有権者分布差比率は最大で四・九九対一（大阪府三区対兵庫県五区）であって、このような不均衡のもとにおいて行なわれた選挙は、法の下の平等を規定した憲法第一四条第一項に違反するかどうかが争点となった。

この点に関し、天野裁判官のみは、本件訴訟は公職選挙法の右規定の許容する範囲内のものではないから不適法な訴として却下すべきだという反対意見を述べたが、大法廷の残り一四人はすべて、選挙法の右規定は憲法第一四条第一項に違反するという点で一致した（もっとも、当該選挙それ自体の効力ないし当選人の当選の効力については、多数意見の中で三つに見解が分かれた）。違憲の理由は、次のようなところに求められた。憲法第一四条第一項は国民はすべて政治的価値において平等であるべきであり、したがって各選挙人の投票の価値もまた平等であるべきことを要求したものである。しかし、各選挙区における議員定数の配分率の決定にあたっては、そのほかに国会が考慮すべき要素、たとえば従来の選挙の実績、選挙区としてのまとまり具合、面積の大小、人口密度などの要素が存在することも否定できない。「しかしながら、このような見地に立って考えても、具体的に決定された選挙区割と議員定数の配分の下における選挙人の投票価値の不平等が、国会において通常考慮しうる諸般の要素をしんしゃくしてもなお、一般に合理性を有するものとはとうてい考えられない程度に達しているときは、もはや国会の合理的裁量の限界を超えているものと推定されるべきものであり、このような不平等を正当化すべき特段の理由が示されない限り、憲法違反と判断するほかはないというべきである」。「しかしながら、右の理由から直ちに本件……議員定数配分規定を憲法違反とすべきものではなく、人口の変動の状態をも考慮して合理的期間内における是正が憲法上要求されていると考えられるのにそれが行われない場合に始めて憲法違反と断ぜられるべきものと解するのが、相当である」。「この見地に立って本件議員定数配分規定をみると、同規定の下における人口数と議員定数との比率上の著しい不均衡は、……人口の漸次的異動によって生じたものであって、本件選挙当時における……著しい比率の偏差から推しても、そのかなり以前から選挙権の平等の要求に反すると推定される程度に達していたと認められることを考慮し、更に、公選法自身その別表第一の末尾において同表はその施行後五年ごとに直近に行われた国勢調査の結果によって更正するのを例とする旨を規定しているにもかかわらず、昭和三九年の改正後本件選挙の時まで八年余にわたってこの点についての改正がなんら施されていないことをしんしゃくするときは、前記規定は、憲法の要求するところに合致しない状態になっていたにもかかわらず、憲法上要求される合理的期間内における是正がされなかったものと認めざるをえない。それ故、本件議員定数配分規定は、本件選挙当時、憲法の選挙権の平等の要求に違反し、違憲と断ぜられるべきものであったというべきである」。

本判決を論評するには、本来は前記天野裁判官の少数意見が正しいかどうかを検討しなければならないが、本書の主題からはずれるのでここでは省略することにしよう。そこでこの多数意見をふりかえってみると、それは、立法府の怠慢に対する厳しい批判を内容としていたというべきであろう。一方において憲法第一四条第一項が本来投票権の価値の絶対的平等を要求していることを承認しつつ、他方において選挙区割りや各選挙区における議員定数の配分について国会に裁量権のあることを認め、さらにその配分が不均衡になった場合にこれを是正すべき合理的期間というものを認めるという形で国会の権能を十分尊重しているだけに、この判決は説得的であった。

もっとも、その後、右の最高裁大法廷判決とは異なる要素を顧慮して合憲の判断を下した高裁判決が現われたので、これをも併せ参考にしなければならない。昭和五三年九月一一日の東京高裁民事九部の判決（判例時報九〇二号二四頁）がこれである。この判決は、昭和五〇年の選挙法改正により議員定数の不均衡がやや是正されたあとの訴訟に関するものだっただけに注目されていたが、何点かにわたってさきの最高裁判決とは違う見解を採ることとなった。このうち、本書と関連の深いのは、この高裁判決が、定数配分を考えるにあたっての人口数のみに比例する機械的平等は、ただでさえ大きな都市部の政治的影響力を著しく増大させるので妥当でなく、過疎地域の選挙の投票価値が都市部のそれよりも大きくなってはじめて、過疎地域が都市部なみの政治的影響力を持ちうる、と主張した点である。さきの最高裁判決も、機械的平等の要素以外に国会の裁量権に委ねうる要素の存在することは認めており、そこにはこの種の地域性も含まれていたようにも解せられるが、このように自覚的ではなかったし、積極的でもなかった。これに反して、この高裁判決は、不均衡をかなりの程度に是認することとなる理論を展開したのである。最高裁に対しても反省を求めた下級審判例と受けとってよいだろう。

たしかにこの高裁判決のいうように、過疎地域の利害も国政に反映することが必要である。そのためには、多少の定数配分率の不均衡も合理性があるといえるだろう。しかし、過疎地域が都市部と対抗しうるほどに議員を立てるべきだということになると、その比率は五対一でもまだ間に合わないことになる。それが不合理と感ぜられるのは、やはり個々の選挙権者の投票価値は平等でなければならぬとする理念と衝突するからであり、また国政は必ずしも地域の利害によって左右さるべきでない面があるからである。不均衡はたしかにある程度甘受しなければならないとしても、それには限度があるとみるべきだろう。その限度という点からみると、最高裁は四・九九対一を違憲とし、この高裁判決は三・三九八対一（神奈川三区対兵庫五区）の時期に、争いのあった神奈川三区と全国平均との隔差一・八三対一（神奈川三区対全国平均）を合憲としているので、両者が矛盾しているとはまだいえない。この点についてはなお判例の積み重ねが必要だが、右の高裁判決の出た二日後の昭和五三年九月一三日に、同じ東京高裁の民事一五部判決（判例時報九〇二号三四頁）が同種の問題を扱いながら逆に違憲の判断を下したので、大いに注目された。この判決は、ほぼ最高裁判例の見解にしたがい、昭和五〇年の定数是正が、なお隔差の拡大が予測されたにもかかわらず二・九二対一の不均衡を認め、それが五一年一一月に行われた総選挙では現に三・五〇対一（千葉四区対兵庫五区）に拡がった点に着目して、五〇年の改正規定そのものを違憲としたものであった。

このように、裁判所の見解は、まだ流動的であるとはいうものの、おおよそ最大隔差三対一あたりを許容限度として不均衡の是正を国会に要求しているとみてよいだろう。(2) それにもかかわらずその是正が行なわれないということは、そこに病理現象が現われていることを意味するのであって、不均衡状態の持続によって政治的利益を受けているものは何かを追求することにより、その病理現象の根源をとらえることができるだろう。それはまた、刑法の根底に現実にあるものの一つに数えられるわけである。

(1)　なお、昭和五〇年以降においては、衆議院に関して昭和六一年と平成四年の二度にわたり、定数の是正が行われた。

もっとも、平成六年の選挙制度改革により、従来の中選挙区制に替えて小選挙区・比例代表並立制が衆議院に導入されたため、中選挙区制の次元における議員定数不均衡問題は消滅した。しかし新たに設置された小選挙区の区割りに関して、別の形で定数不均衡問題が生ずることとなった。

また、参議院に関しては平成六年に定数是正が行われたが、それでもなお、定数不均衡問題は解決したとはいい難い。

(2)　この後、昭和五八年に衆議院と参議院のそれぞれについて最高裁判決が下され、それがさらに昭和六〇年から平成五年にかけての諸判決に引き継がれるなど、最高裁は、議員定数不均衡の問題に積極的に取り組んでいる。

これらの一連の判決からすると、最高裁は、衆議院に関してはおよそ最大較差三対一あたりを許容限度とし、参議院に対してはおよそ六対一あたりを許容限度と考えているようである。

三　現代政治において、政党と並んで議員の政策決定に影響を及ぼすものに圧力団体がある。もっとも、圧力団体というと、正常な政治が一グループの人的集団の力によって押し曲げられるという印象が拭えないため、つねに否定的に評価されがちであるが、そのようなものの存在を抹殺することはできないばかりか、一定の長所を持つものであることも看過してはならない。

圧力団体の存在の長所は、直接政治権力を持たないところの一般国民が政治に参加する一つの形だというところにあり、また地域代表的性格をもって選出される国会議員に対し、職能的利益のありかを示し、その追求を政治的に促進させる一つの有力な方法であるところに見出される。たしかに本来の筋としては、国民は利害関係を同じくする者のあいだで何らかの組織を作り、その力でもって利益の維持増進や、利益追求に対する妨害排除を政治的に促進すべきものであろう。大小多数の圧力団体が勢力拮抗して国の政策決定に影響を与えるならば、国の政治に国民の欲求が反映することになるし、政策決定者が一部の者の要望のみをかなえるといった不公平な政治が行われるのを防ぐことができる。

しかし、これはあくまでも建前であって、現実には一般国民が圧力団体を形成することは甚だしく困難である。現在のわが国で圧力団体として国会の議決に影響を及ぼしているように思われるのは、いずれも全国的な規模を持つ強固な組織であり、国民全体からみた場合、著しく偏りがあるといわざるをえない。日経連や経団連などの経営者団体、医師会、農協などの職能団体、総評、同盟などの労組団体。これらはいずれも豊富な資金を持ち、また議員選挙に影響を与えうる力を備えることによって現在わが国の政策決定に圧倒的な影響力を持っていると思われるが、これらによって自己の利益の確保増進を図れない者がこれと比肩できるような力を持つことは、現実には不可能である。その場合に生ずる不公平、これこそが圧力団体にまつわる問題にほかならない。

もっとも、刑法制定権力に対する圧力団体の直接的影響力を立証することは容易でない。しかし、圧力団体の存在・活動が後述する政治献金と相俟って議員の投票行動に影響を及ぼしているのではないかという疑いは、多くの国民の抱いているところである。何千、何万という票を動員できる団体の意向が、その団体から選挙の応援を受ける議員に対して拘束的影響を与えないはずはないだろうという漠然たる疑惑は、これを持つほうが当然であり、立証責任はこの疑惑を否定する側にあるといわなければならない。国民各層の利益が、もれなく各種の圧力団体によって主張される場合にはまだよい。しかしそうではなく、右のように強力な圧力団体が国民の偏った層の利益のみを代弁し、むしろ他の多くの層の利益を損う方向に作用するとしたら、それこそ国家刑罰権実現の病理現象とみられてもやむをえないだろう。

四　病理現象という点で圧力団体よりさらに著しいのは、政治献金である。政治献金の適法性については、かつて八幡製鉄の一株主が会社を相手どって訴訟を起こし、会社が自民党に三五〇万円の政治献金をしたのは、会社の定款と商法第二五四条の二（取締役の忠実義務）に違反するから、会社に与えた損害三五〇万円を弁償せよ、と主張したことがあった。第一審の東京地裁はこの主張を全面的に認め、会社の政治献金は違法であるとして取締役に賠償責任を認めたが（東京地判昭三八・四・五最高民集二四巻六号七〇〇頁）、第二審東京高裁は反対に会社の政治献金は適法であるとしてこの第一審判決を破棄した（東京高判昭四一・一・三一最高民集二四巻六号七〇一頁）。そこで最高裁の判断が待たれることとなったが、最高裁大法廷は、昭和四五年六月二四日、第二審判決を支持する判決を下し（民集二四巻六号六二五頁）、これがこの点に関するリーディングケースとして今日に至っている。

この判例は、本来は商法上の解釈問題に関するものであり、それ自体にも検討すべきものが含まれているようであるが、ここで興味があるのは、最高裁が会社の政治献金を適法とした理由である。最高裁はまず「会社は……自然人とひとしく、国家、地方公共団体、地域社会その他の構成単位たる社会的実在なのであるから、それとしての社会的作用を負担せざるを得ないのであって、ある行為が一見定款所定の目的とかかわりがないものであるとしても、会社に、社会通念上期待ないし要請されるものであるかぎり、その期待ないし要請にこたえることは、会社の当然になしうるところである」という見解から出発し、会社は「国税等の負担に任ずるものである以上、納税者たる立場において、国や地方公共団体の施策に対し、意見の表明その他の行動に出たとしても、これを禁圧すべき理由はな」く、「会社は、自然人たる国民と同様、国や政党の特定の政策を支持、推進しまたは反対するなどの政治的行為をなす自由を有する」としている。また、「政党は議会制民主主義を支える不可欠の要素なのである。そして同時に政党は国民の政治意思を形成する最も有力な媒体であるから、政党のあり方いかんは、国民としての重大な関心事でなければならない。したがって、その健全な発展に協力することは、会社に対しても、社会的実在としての当然の行為として期待されるところであり、協力の一態様としての政治資金の寄附についても例外ではない」と主張したのである。

この最高裁判決の真意がどこにあるかは明らかでない。政治献金の弊害は企業の政治献金の場合のみにとどまらないから、政治献金全体についてその当否を問われたのならいざ知らず、企業のそれのみの適否について、しかも商法の解釈問題として問われたので、当面適法とせざるをえなかったという趣旨であるかもしれない。しかし、それならばそのような事情を判決理由の中に明らかにすべきだったと思う。しかしそうではなく、わが国では以前から企業の政治献金が現実に行なわれていて、これをやめさせることなどとうていできないという現実論から出発したとすれば、政策的には理解できないではない。しかし、やめさせることもできるのだがやめさせる必要はない、むしろ大いにやるべきだと考えたとすれば、そのような考えには釈然としないものを感ずる。

政治献金が政治的目的を持つものであることは最高裁自身も認めるようであるが、この政治的目的が単に「自民党がんばれ」という趣旨だけに止まり、刑法の制定・改廃を含む個々の政策決定に影響を及ぼす目的は含まないと考えることは、あまりにも楽天的である。仮に献金をした時には特定の目的はなかったとしても、多額の献金を受けとっている人が、献金主の利益とそうでない人の利益が対立した場合、容易に前者に軍配を上げるだろうと考えるのは通常の判断に属するからである。それを超えて、もっぱら献金主の利益のために活動する議員がいるなどということは考えたくないが、そのような者がいない保証はまったくない。むしろ、事実はそのような者の存在を推測させるものがある。

しかし、逆に、政治献金が政党あるいは議員個人の個々の政策決定に影響を及ぼすことを是認しているとすれば、それは——収賄罪の要件には該当しなくとも——金銭による政治的行為の買収を正面から承認したこととなる。この政治的行為の中に、刑罰法規の制定・改廃が含まれないという保証はまったくない。ある業種の会社にとって不利な法案が提出されたので、当該会社から継続的に多額の政治献金を受けとっている多数の議員がこの法案を廃案に持ち込むことに努力して効を奏したというようなことも、ありえないではないだろう。法律家として、それを認めることができるだろうか。

企業の政治献金の適法性を承認することは、実質的にみれば政治献金に多額の費用を使うことのできる、そして使う効用のある大企業の利益追求が政治に反映してよいということ、そしてその反射的効果として、国民大衆にとって利益なことが大企業の利益に反するという理由で抑圧されるのもやむをえないということを正面から認めることにほかならない。大企業の繁栄の中には、たしかに国民全体の経済によい効果をもたらすという面があることは否定できないが、それは政治家を利益誘導することによってなすべきではないだろう。また政治資金も、現在の制度とは異なる方法で調達すべきである。現行制度が存続する以上、そこには病理現象を認めざるをえない。(1)

(1)　なお、平成六年に政治資金規正法の改正と並んで、政党助成法が制定された。この法律は、「議会制民主政治における政党の機能の重要性にかんがみ、国が政党に対し政党交付金による助成を行うこと」によって、政党への不明朗な資金の流れを断ち切り、「民主政治の健全な発展」を図ろうとするものである（一条）。

しかし、この法律によっても、この種の助成による政党の自律性の阻害の可能性や、政党間の取扱いの不平等など、新たな問題が生じうる。

五

本章において、われわれは刑法制定のもっとも直接的な原動力から出発し、表層から第二層、第三層あたりまで掘り下げて行った。これら数層の原動力を共通分母でくくってみると、それらはすべて政治的な力の行使であるといってよい。国会における賛成投票、政党の統一方針、立案者の立案作業、世論、圧力団体の活動、政治献金。いずれも政治的な力の行使である。端的に政治、あるいは政治活動であるといってよい。それらが刑法制定の原動力であることは否定できない。

しかし、たとえば国会に上程された法案に対し、国会議員が賛否の投票をする場合、その投票行為という政治活動には必ず理念が必要である。本来の筋からいえば、その法案が法律となった場合、現在よりよりよくなる、とか、かえって弊害が出る、とかの評価が先行し、それに従って賛否いずれかの投票をするのでなければならない。それが政治活動の理念である。もっとも、たとえば個人的には法案には反対だが、自己の属する政党の統一見解が賛成せよというのであったから賛成票を投ずるというのも、党員は党の統一見解に服すべしという——その当否はともあれ——党人倫理に従ったという意味において理念的な行動でないとはいえない。ただその場合にも、この法案は国民生活に重大な影響を持つもの、日本の命運にかかわるものだから、党の見解にもかかわらず自己の所信に従うべきだという、現実には採択しなかった理念が存在したわけで、理念と理念の対立が起こりうることはいうまでもない。

ところで、ここでもっと明らかにしておかなければならないのは、法案が可決された場合、今よりよくなるかどうかの決断を、どのような標準で行なうかということである。議員は、法案審議にあたって、不当な行為の態様と件数、被害の実情、被害者および付近住民の、処罰を求める声などを資料として渡されることであろう。しかし、このような事実は、いくら積み上げても評価に転換することはない。また、議員は、立案当局者から、なぜこのような法律を制定せねばならないかの立案理由を読まされることであろう。それは、議員の決断を容易にすることは確かであるし、議員自身はそれを全的に鵜呑みにしても一向に差支えないが、少なくともみずからの判断において法案自体の賛否、あるいは立案理由の賛否を決めなければならない。その標準はいったい何であろうか。もしそこにある程度普遍妥当的な「あるべき法」というようなものが存在するとすれば、それは投票という政治活動に拘束的影響力があることになり、「原動力」とまではいえないにしても、少なくとも「刑法の根底にあるもの」の一部に組み込まれねばならないこととなる。このような「あるべき法」を考えるかどうかについては異論もあるが、これを認める学者は、古くからこれを自然法と名づけてきた。そこで、本書は、次に、刑法制定権力を動かす理念としての自然法と取り組むこととしよう。

第二章　刑法制定権力の行使を指導する自然法

第一節　自然法の理論

一　ある刑罰法規の制定過程をはじめから終わりまで通して考察してみると、それは、刑罰法規の内容が抽象的なものから次第に具体的なものに変化していく過程と考えることができる。刑罰法規は、制定されると第×条「……した者は……に処する」というような文章によって内容が確定されるが、制定以前の段階ではその内容はまだ可変であって確定していない。もっとも、国会審議の対象となっている刑罰法規は、法案という形をとるから、制定法と同様に文章によってその内容が示されている。法案審議の段階では、内容自体が可変であるにとどまり、形式はある程度具体化している。つまり、どのような行為をどのような刑罰で処罰するかという内容自体は変えることができるけれども、文章によって内容が理解できるという点では、制定後の段階とほとんど変わりはない。

ところが、立案前の段階、あるいは法案を作成する段階ではどうだろうか。そこでは、やがて制定されるべき刑罰法規の内容は、文字や文章によらず、ただ観念の中に抽象的に存在するにとどまる。内容が可変だというばかりでなく、形式自体も具体化していない。それは、やがて制定法という形式を獲得し、法規範として拘束力を持ち、法秩序の一環に組み込まれて行くべき存在である。それは、将来刑罰法規たるべきものと定められた一つの観念形象であるといってよい。

ところで、法 Recht ないし法規範 Rechtsnorm と、制定法の形をとった法規 Gesetz とは区別すべきものとされている。たとえば「違法」という場合の「法」は、Recht であって Gesetz ではない。何故なら、Gesetz は「……した者は……に処す」と規定しているだけであって、現実の犯罪行為は Gesetz には違反せず、むしろ該当するにとどまる。現実の犯罪行為は、Gesetz の背後にかくされている Rechtsnorm、すなわち「……せよ」、または「……するな」という、命令または禁令に違反するのである。このことから、違法という場合の「法」は、Rechtsnorm としての Recht を意味するものとされている。

何故このようなことをいうかといえば、制定法が出来上がってからのちも、Recht は Gesetz そのものではなく、その背後にかくされているということをいいたいからである。何故そのようなことをいいたいかといえば、その場合の Recht と、法案作成前に法案作成者の頭の中にある観念形象とは結局同じものだと考える余地がある、ということをいいたいからである。もしそうだとすれば、この観念形象も Recht だと考える可能性が出てくるわけである。もっとも、Gesetz が制定されなければ、この観念形象に違反したところで違法 rechtswidrig というわけにはいかないから、そのような観念形象はまだ Recht ではないと考える余地は十分にある。

しかし、もし本来客観的には――つまり絶対者の目からみれば――刑罰法規の形で具体化さるべきもの、したがって立案当局者が法案という形で具体化すべきものが存在するとすれば、立案者、立法者はこれを発見し、具体化に努力しなければならないということになる。もしそのような「あるべき法」が存在するとすれば、刑法制定権力の担い手たちの行動は、そのようなものによって指導されることになり、それは「刑法の根底にあるもの」の一つに数えられることになる。「あるべき法」すなわち自然法は存在するのだろうか。

二　実定法、つまり条文の形で現に効力を持っている法規範に対して、自然法、つまり人間の作為によって動かされないところの、人間自然の本性に即した理想の秩序という観念が、古くから法律学者によって護持されてきた。もろちん自然法という観念を認めない学者もあるし、観念は認められてもあまり実益はないとする学者もある。また、自然法は実定法の外にあり、これから超然としているものと考えるか、それとも実定法に内在し、解釈・立法によってそれが発現していくと考えるかについては、基本的な対立がある。さらに自然法の内容を、時空を超えて普遍妥当的なものと考える人もあれば、歴史の変遷に従い可変的なものと考える人もある。それ自体に独立の拘束力を認める者もあれば、拘束力は否定し、ただ理念的存在とのみ認める者もある。このように、昔から議論を重ね、決着を得ずに今日に至っているが、どうしても捨て切れないのがこの自然法という観念である。それは何故だろうか。

自然法に関する長い歴史の中でもっとも近い時期に、実定法に対する自然法の優位が説かれ、自然法の再生、自然法論の復興として注目されたのは、第二次世界大戦直後のドイツにおいてであった。それは、ナチス時代における法思想・法制度に対する反動という性格を持っていたのである。一九三三年、ナチスは政権をとるや否や議会に「ドイツ国およびドイツ国民に対する危険克服に関する法律」（いわゆる授権法）を上程して強引にこれを通過させた。これは、刑罰を規定した法律を制定する権限を政府に一括委任するという趣旨の法律で、近代刑法学上の大原則である罪刑法定主義に反する容易ならぬものであることは、前述のところからも明らかであろう。そして、ナチス政権はこの法律を最大限に利用し、人権に対する不当な干渉を内容とする法律を次次に発布してこれを適用したのであった。ナチス政権による人権侵害は、少なくとも形式的には実定法にもとづいており、表面的には合法の形をとっていたのである。しかし、このような意味での「合法」は決して同時に「正当」であるとはいえないだろう。もし法というものが実定法に尽きるとすれば、このような法律は不当であるとして消極的あるいは積極的にこれに抵抗した国民や、その適用を拒否した裁判官は由々しい違法を行なったことになる。戦中戦後を通じて良識ある人々が実定法の無力さを嘆き、実定法に対する不信に陥ったのも当然のことであった。実定法はつねに自然法の批判を受け、自然法と合致しない実定法は法としての効力を持たないと考える自然法論が戦後のドイツに復活したのは、このようないきさつによる。

たしかに古代および中世の自然法論をはじめとし、近世初頭に至るまでの伝統的な自然法論は、自然法に対し実定法の効力を超える拘束力を認め、自然法に反する実定法は法たるの効力を否定されるものと考えていた。ラスクによると、このような見解は形式的意味における自然法と名づけられている（恒藤恭訳・ラスク・法律哲学〈大正一〇年〉一一頁）。このような自然法の機能は、自然法という観念を説く主目的ではなかったとしても、多くの学者が正面からそのような効果のあることを主張しており、むしろ自然法論の重要な特色をなすものと考えられていた。しかし、このような形式的自然法を是認する理論は、後述するように一九世紀に至って法実証主義思想の諸潮流から厳しく批判され、ひところは「自然法の夢は見尽くされた」（ヴィントシャイト）とまで揚言されるに至っている。この一九世紀における法実証主義の高揚は、近代法の理念を法典化しそれにもとづいて飛躍的に発展した自由主義的資本主義に見合うものであって、その意味では歴史的に必然的な現象であり、またその意味では、資本主義体制の変貌によってふたたび批判されるに至る思想傾向だったのである。はたして一九世紀のごく末から二〇世紀にかけて、ふたたび自然法論が復興した。これは、資本主義の発展につれて企業の独占化が進み、資本主義本来の個人による自由競争の余地が狭められるとともに、社会問題・労働問題が激化して、近代法の中心的な原理であった所有権の絶対性、契約自由の原則などが修正を迫られたことの反映とみてよいであろう。近代法を根幹とする法典の固定的な解釈ではどうにもまかない切れない時代が到来したのである。学者は、当然、実定法の上にある自然法の存在に着目したのであった。

しかし、二〇世紀初頭の自然法論の主流は、もはやかつてのような形式的意味における自然法を説いたのではなかった。これは、一九世紀における法実証主義思想の自然法批判を経過したあとの理論であることにも根拠があるが、むしろ、カトリック法学における中世の自然法論にみられるような、現世から超然とした自然法ではなく、むしろ現行実定法の解釈・運用に方向を与えるという実践的使命を負わされた自然法が歓迎されたからであろうと思われる。シュタムラーの有名な「内容の可変な自然」(Stammler, Wirtschaft und Recht nach der materialistischen Geschichtsauffassung, 5. Aufl., 1924, S, 174) という思想の中にも、このことを読みとることができよう。そこで、二〇世紀に再興した自然法論の主流は、ラスクの分類によれば、実質的意味における自然法を内容とするものであった。そこでは、法的拘束力を直接持たないところの、実定法に対する規制原理としての法の価値理念、いわば理想法が追求されたのであった。もっとも、これは大まかな特徴づけであって、論者によって実定法との関係につきかなりの開きがあったことはいうまでもない。

三　ヨーロッパにおいて、この自然法論に対する批判をもっとも強力に展開したのは、前述のように一九世紀全般にわたる法実証主義の思想であった。もっとも、一口に法実証主義思想といっても、そこには性格の異なる種々の潮流が合流しており、一枚岩の思想体系が示されたわけではない。たとえば実定法秩序そのものの性質・構造・機能等の論理分析を中核とするオースチンの一般法学やケルゼンの純粋法学の流れ、法の成立発展の決定的な要因をなすのは、歴史的に生成してきた現代の社会的実際的目的への奉仕だとするイェーリングの目的法学、成文法とくに議会の議決になる法律を絶対視してそれ以外の法源を排斥し、条文の厳密な形式論理的操作によって立法者意思を探求することが法解釈の任務とする註釈学派の主張などがこれに属するものとされている。しかし、これら方法論の決定的な相違にもかかわらず、これらの見解に共通しているのは実証主義的態度であり、認識の対象をもっぱら実証的経験的所与に限定し、経験を超えた形而上学的なものによって現実を理論づけたり分析したりする一切の試みを排斥する点では類似した傾向を持っている。このような理論にとっては、超経験的な存在である自然法の観念は科学的なものでないとして否定されるのが当然である。

最近、わが国でも自然法の観念を少なくとも法概念から除外すべきだと説く有力な法哲学者に加藤新平教授がある。同教授はいう。もし自然法を形式的自然法、つまりそれ自身直接に公式の拘束力を持つと主張し、それと矛盾する実定法の効力を否定する自然法の意味に解するなら、それが実定法と重なり合う場合には法の無意味な二重化となり、実定法と矛盾する場合には法生活の分裂をもたらす。自然法をもし実質的自然法、つまり直接的拘束力をもたない単なる理想法の意味に解するなら、法概念との関係ではそれは不問に付してよい、と（加藤新平・法哲学概論〈昭五一〉二六九頁以下）。

さて、このような学説の状態のもとにおいて、刑法の根底にあるものの追求との関係で自然法をどのように解したらよいだろうか。

第二節　あるべき法としての自然法

一　まず自然法は実定法の外で独自の拘束力を持つものと考えてよいだろうか。たしかにこのような拘束力を持つ形式的自然法は、「悪法は法にあらず」という結論を端的に導き出すことができ、自然法という観念を認める効用を最大限に発揮する。しかし、この形式的自然法の存在を正面から認め、とくに刑事裁判の領域においてこれを適用するとなると、そこにかなりの危惧感を覚えざるをえない。その理由は次のとおりである。まず第一に、自然法は元来法文の拘束を受けず、歴史的に形成された倫理秩序とか、あるいは事物の本性といった範囲の明らかでないものに根拠を持つものであるから、とくに価値観の多様化した現在、それ自身独立の拘束力を持つものとしてはあまりに不確定である。自然法は、その時代における一般の法意識を内容とするといっても、国家的に承認された法意識としては、実定法に表現されたものしかありえないだろう。

第二に、このような考え方からすると、自然法は実定法が悪法であった場合にその実定法の効力を否定するという作用を営むばかりでなく、実定法が欠けている場合にも自然法の独自の適用を認める方向性を持つのではなかろうか。形式的自然法は、近代法による法典化が行なわれていない時代にはたしかに独自の存在意義を持っていたと思う。しかし近代法体系が一応整備され、罪刑法定主義の支配が認められた現代においては、このような考え方は人権保障の観点からして危険である。前述のように自然法の範囲が不明確である点を考慮すると、ますます採用することができない。

第三に、たしかに「悪法は法か」という問いに対し、「悪法も法なり」と答えるだけですまされるものではない。その意味では、実定法の万能を唱える法実証主義の思想には問題がある。しかし、少なくともわが国の現行法秩序からみて、悪法の効力を否定するのに自然法を持ち出す必要はないように思われる。なぜなら、わが国では裁判所に広範な違憲立法審査権が与えられており、悪法はほとんどもれなく違憲の判断を受けうると思われる。もちろん憲法の解釈について実定憲法の上に立つ自然法を持ち出す必要はあるとしても、それは後述するような実質的自然法である。そのようなものの助けを借りた上で憲法秩序の範囲内において悪法の効力を否定することができるならば、あらためて前述のような危険性のある形式的自然法を援用する必要はあるまい。

二　これに対し、実質的自然法を認めるかどうかには、多分に言葉の問題が付着している。どのみち独立した効力を持たないのであれば、とくに法というに値いしないともいいうるし、あるべき法なのだからやはり法だともいいうる。ただ自然法が実定法の外にあるものだと把握する見解に立つ場合には、それをしも法だとはいいにくいだろう。これに反して、ちょうど蕾の中にやがて咲きかおるべき花の姿が本来内在しているように、実定法の中には自然法が内在していて、それが実定法の形をとって発現していくというように自然法をとらえるならば、自然法はそれ自体独立の拘束力を持たなくともなお法といいうるだろう。

さて、実質的自然法は、前述のように実定法に対する規制原理としての価値理念、すなわちいわば理想法である。その内容、とくに実定法との関係については種々の理解があるようだが、本書はこれを次のように解したい。すなわち、実質的意味における自然法は、まず実定法の解釈基準をなすという役割を演ずる。つまり、一方において実定法には法文の言葉の制約があり、他方において立法者が当初予定しなかった行為で、本来処罰の対象とされている甲と同価値と考えられる乙が出てきた場合、新たな立法によるのでないかぎり、この実定法に解釈をほどこしてその行為を処罰の範囲内にとりこまなければならないという要請がある。この場合、甲のみならず乙をも処罰の対象にとりこむ法規範は、本来自然法であって、言葉どおりであると甲のみしか含まないところの実定法の解釈を指導する原理、解釈の理念だと考える余地はある。つまり、ここでは、本来あるのは目に見えない自然法であって、実定法はつねに不十分な形でこれを形あらしめたものと解されるのである。逆に実定法を補充するものとしてとらえる見解もある。

自然法という観念の必要性が説かれる第二の局面は、立法に際してである。立法作業は、不可避に、現にある実定法とは異なる「あるべき法」を思い画き、これを実定法化するという過程をとるが、この場合のあるべき法は実定法ではないから自然法にほかならないとされるのである。ここでは、自然法は立法の理念の形をとるわけであるが、解釈の理念としてのそれと異なるわけではない。本来はじめから自然法が存在し、それがあるいは解釈という形で実定法を補い、あるいは立法という形で実定法化されると考えるのである。

このようにみてくると、自然法は絶対者たる神にはその存在が自明であり、したがって人間にとっては英知をもって追い求めるべき理念であることがわかるだろう。それ故にこそ、自然法の観念をもっとも高らかに唱えたのがヨーロッパにおいてはカトリック法学だったのであり、またそれ故にこそ、実証的精神を鼓吹する陣営から厳しく拒否されたのがこの自然法の観念だったのである。しかし、いかなる立場に立つ場合にも、このような解釈の理念、立法の理念、すなわち一種の理想像、観念像が論理的に存在することは否定できないと思う。認識の対象を経験的実証的なものに限ったとしても、たとえば立法の際にあるべき法の存在を認めることは不可避だからである。それを自然法と呼んだ場合、これが刑罰法規の解釈・立法を指導する要因になりうることは疑いがない。その意味で、そのような意味の自然法を刑法の根底にあるものに含めて考察することは必要であると思われる。

三　しかし、問題はどのようにしてこの神のみぞ知る自然法を発見し、制定法に具体化していくかである。この点に関し、出発点としなければならないのは、人間の知恵は元来有限で相対的だから、ある一人の人の思想がそれだけで自然法となることは決してないということである。けれども、他面、これが自然法だと示すのは人間以外にはない。場合によってはたった一人で法案の原案を作らなければならないことさえある。その場合には、その人は自己の思想を自然法だといわなければならない立場にあるとさえいうことができよう。この矛盾をいったいどう解決するか。

元来その知恵が有限で相対的であるにもかかわらず、何が正しく何が間違っているかを判断しなければならないのが人間の宿命である。そうだとすれば、結局、その時代における多くの人が正しいと思うものを一応正しいとするほかないのが人間の判断というものである。社会科学の世界では、人間の判断はしょせんそのようなものでしかありえない。それでいながら、その人間が法を作ったり法を適用したりする。他人を犯罪人に陥れるのも同じ人間である。考えれば恐ろしいこといわねばならない。しかし、他方、それをしなければならないのが人間の社会生活である。人間だから誤った判断をすることはありえても、その不正義は、判断をしないことによって生ずる不正義よりはるかに少ない。ただ誤る可能性があるにもかかわらず判断せざるをえないという厳しさに耐えつつ、その誤りをできるだけ少なくしようと努力するのが法律学の任務にほかならない。社会科学の世界で正しいこととは、その時代の多くの人が正しいと思うことだという認識から出発し、その時代の多くの人が正しいと思うことを発見する方法、あるいは多くの人に正しいと思わせる方法を懸命に考えるのが法律学である。

そこで、話を元に戻すと、あるべき法としての自然法は、結局、その時代の多くの人が事態を正しく認識したならばあってほしいと思うであろうような法だということになる。そうであれば、ある法が必要だとするある人の主観的な考えが、同時に多くの国民の考えであるというように国家的な規模に客観化されれば、その法は自然法である。前掲の矛盾はこのようにして解決され、このことから、立案当局者のなすべきこともおのずと明らかになるはずである。

四　刑法制定権力の行使を指導する理念としての自然法を発見するためには、まず、立案当局者が主観的に、ある刑罰法規を必要とするということを確信しなければならない。そして、次に、その確信が同時に国家的な規模のものであるということを検討してみなければならない。

まず、立案当局者が刑罰法規制定の必要を確信するためには、刑罰法規の制定を必要とするような社会生活上の実態が客観的に存在し、これを立案当局者が主観的に認識することが必要である。その認識の方法は、一定規模の非行の存在やそれに対する世論の動向をマスコミ等を通じて知るということもあろうが、関係行政官庁が立案にたずさわる場合には、それぞれの行政官庁に固有の調査機構が設けられている場合が多いから、被害の状況や加害行為の態様などを独自のルートにより探知することもあるだろう。

しかし、そのような事態の認識のみをもってしては、まだ刑罰法規制定の必要性の確信までには至りえない。そのような確信を持つためには、現行法では犯罪の予防とか被害感情の満足などの点からみて不十分であり、そのような行為を一定限度の刑罰をもって処罰することが必要だという、必要性の意識が高まってこなければならない。このような意識は、前掲の調査に付随して認識される国民あるいは住民の当該非行に対する応報感情とか、当該非行を放置しておいた場合の諸々の社会的効果などを参酌しているあいだに形成されることが多いだろう。

このような主観的確信が生じても、まだそこで観念される法はまだ刑罰法規に具体化さるべき自然法とはいえない。それが自然法といいうるためには、前述のように、多くの国民がもし事態を正しく認識したならばそのような法があってほしいと希望するであろうという推定が成り立たなくてはならない。その確信が国家的規模にまで達していると推定されるのでなくてはならない。自然法の内容の探求は、実質的には刑罰法規制定の国家的必要性の追求にとって代わられることになる。そこで、以下に、章を改めてこの点を考察してみることにしよう。

第三章　刑法制定の国家的必要性

第一節　刑法と刑罰の機能

一　刑罰法規が制定されるためには、刑法制定権力の行使がなければならないが、刑法制定権力が行使されるためには、刑罰法規を制定するだけの国家的必要性がなければならない。それ故、この国家的必要性は、刑法の根底にあるものの一要因として特記しなければならない。

刑罰法規制定への国家的必要性は、刑罰とか刑罰法規というものが一般に持つ機能への期待を前提とする。国家が欲求しているのがたとえば非行の予防、国民・住民の利益保護であるとした場合、刑罰とか刑罰法規がこの欲求を満たしうるものであれば、そこに刑罰法規制定の必要性が明らかになるわけである。

さて、刑法は刑罰を規定した法律であるが、刑法の機能と刑罰の機能とは一応分離して考えなければならない。まず「刑罰の機能」であるが、これには報復感情宥和機能、保安的機能、贖罪的機能、予防的機能の四種がある。まず報復感情宥和機能というのは、被害者またはその家族、さらには社会一般の報復感情をやわらげ、満足させる機能を指す。国家が刑罰権を独占し、私的な復讐を禁止している以上、そして人間に復讐心の消滅しない以上、刑罰はこの種の機能を営まざるをえない。

保安的機能は、刑罰が現に執行されている場合に営む機能であり、また罰金、科料などの財産刑にはみられない機能であって、犯人を社会から隔離することにより社会の安全を保障する機能である。死刑や懲役・禁錮・拘留といった自由刑にみられる。

贖罪的機能は、やはり執行されつつある刑罰についてみられる機能であって、受刑者自身が刑罰という苦痛を受けることによって罪を贖い、責任をそそぐのに寄与するのに役立つ。贖罪は、単に再犯予防のためではなく、罪を犯したという羞恥心を解消し、犯罪を犯すに至った過去の自分から脱却するためのものであり、刑罰は、そのような受刑者自身による自己改善に国家が手助けをする手段と考えられる。

最後に、予防的機能は、一般予防的機能と特別予防的機能とに分かれる。一般予防的機能は、一般人に働きかけ、これを威嚇することによって犯罪を防止するという機能だから、刑罰が法律の中に規定されているにすぎない段階でも、また裁判所によって言い渡された段階でも、さらに現に執行されている段階でもつねに営んでいる機能だということができよう。これに反して、特別予防的機能は、犯人自身に働きかけ、新たな犯罪を犯させないようにする機能だから、少なくとも刑罰言渡の段階に達してはじめて発動するものであり、刑罰執行の段階に至って十全な活躍をなすものである。刑罰は、理性ある人間に対しその行為の反規範的・反社会倫理的意味を感銘的に体得させ、将来ふたたび犯罪を犯さないよう戒告するという機能を営む。とくに自由刑は、一定の期間継続して執行されるものであるだけに、受刑者の内面に直接働きかけ、改善更正、社会復帰に役立つように執行する余地がある。

さて、刑罰には以上のような機能が期待されているが、刑罰の個々の機能は、また、刑罰以外の他の法効果によっても営まれる可能性がある。たとえば、食品衛生法上の営業の禁止・停止とか、道路交通法上の運転免許の取消・停止などの行政処分や、民法上の損害賠償などは、刑罰の機能のかなりの部分を結果的に営んでいる。しかし、刑罰・行政処分・損害賠償の三者はまったく本質を異にするのであって、刑罰の本質は、犯罪を犯したことに対する国家の立場からの非難の体現、すなわち応報であるのに反し、行政処分は行政取締上の保安処置であり、損害賠償は損害の公平な分担である。三者は本質を異にするのであって、この本質の相違が、現実に営む機能にも微妙に反映するといえよう。

ただ、刑罰の機能は刑罰のみしか営みえないというものでないことには注目しなければならない。したがって、他の法効果を含む各種の社会統制手段との比較において、刑罰に値いする行為類型というものを選択することが、立法者に課せられた任務といえよう。

二　これに対して、刑法にはまた独特の機能がある。もっとも、刑法は違反した場合に刑罰を科せられる法律だから、刑罰の機能は刑法の機能の中に含まれているといってもよい。しかし、刑法には、そのようなことを前提とした上での独自の機能があるので、両者はやはり区別すべきである。

刑法の本質的機能は規制的機能とも呼ぶべきものであって、一定の犯罪に対し一定の刑罰を加えることを予告することによって、当該犯罪に対する国家の規範的評価を明らかにすることである。しかも、この評価は、それぞれの犯罪がそれぞれの刑罰という強い強制力に値いする程度のものだという内容を持つ。このような評価を明らかにすることにより、刑法は一般国民に対しては行為規範としてその遵守を命ずる作用を営むこととなり、他方、司法関係者に対しては、裁判規範として、犯罪の認定および刑罰の適用の指標となる。これが刑法の規制的機能にほかならない。

しかし、このような本質的機能を持つ刑法は、これを適用する国家の側と、適用される国民の側とでそれぞれ異なった機能が期待されることになる。

刑法の国家のための機能は、犯罪抑止的機能と秩序維持機能である。国家は、元来国民間の利害の調整と国民の利益保護を究極の目的とする存在だから、利益の侵害ないし危害を内容とする犯罪を抑止することは、その重要な行政的任務に含まれる。そこで、前述のような本質的機能を持つ刑法に対し国家が期待するのは、犯罪の抑止的機能であり、それを通しての秩序維持機能である。

しかし、ここで注目しなければならないのは、このような犯罪の抑止とか秩序の維持は、刑法を適用しなくとも達成されうるということである。宗教、道徳、習慣など種々の社会規範は元来そのような機能を担っているのであり、本来は、そのような社会規範で犯罪の抑止、秩序の維持がなされるのが理想である。そのために、国家は教育の充実とか、道徳心の涵養などの活動をすることが可能であり、刑法の制定以前になすべきことは、それにほかならない。のみならず、国民生活、国民感情の安定度や、国家ないし政治に対する信頼度などがこのような機能を持つことはいうまでもない。国家のまず行なうべきことは、よい政治である。

しかし、このように結果として秩序維持に結びつくよい政策、すぐれた政治はもともと迂遠なものであり、知恵と労力と費用を要するものだから、そのような回り道を避けようとする政権は、必ず刑罰権の多用による秩序維持へと短絡することとなる。それは、必然的に、一方において治安的な刑事立法の促進、他方において既存の刑罰権の拡大適用という方向へ連なるものであり、それは、同時に、国民の自由、権利、利益に対する、本来は不用であったところの抑圧を伴う。弱い犬はよく吠えるというように、刑罰権を多用したがる政権は弱い政権である。ただわれわれとしては、国家というものが元来刑法の抑止的機能、秩序維持機能に頼りやすい存在であることを前提とし、不断にその偏重を監視しなければならない。

さて、いまの叙述から明らかなように、国家の利益は時として国民の利益と矛盾相克することがあるが、つねにそうであるとは限らない。刑法が存在し、国家機関がこれを適用することは、本来は国民の利益を保護するためにほかならないからである。そこで、刑法は、国民のためにも機能を営むとみてよいであろう。刑法が国民のために営む機能は、保護的機能と保障的機能である。

刑法が犯罪抑止的機能を営むことの反面として、刑法は国民の権利・利益を犯罪から保護するという機能を持つ。何故なら、刑法上の規範は、すべて何らかの利益（個人・社会・国家の利益）の侵害または危険に対して刑罰を加えることにより、それらの利益を保護するという性格を持つからである。

刑法は、しかし、さらに保障的機能、つまり国家権力の濫用から犯罪行為者の権利・利益を保護するという機能をも営む。刑法が司法関係者に対し裁判規範として妥当するということは、一定の要件が充足されたときに科刑を命ずると同時に、その要件が充たされなかったときには、科刑を禁じていることを意味する。刑法は人を処罰するための規範であるけれども、国家というものは刑法がなくても刑罰を科そうとすれば科しうる存在だから、そのことに着眼すれば、他方刑法は無用に人を処罰しないための規範だということもできる。刑法が、犯人のマグナ・カルタだといわれる（リスト）ゆえんは、まさにそこにある。

第二節　国家的必要性を規定する国家存立の根拠

一　以上に、国家にとって期待される刑法と刑罰の機能を、国民にとって期待される機能をも含めて考察した。刑罰法規の制定に対し国家が必要性を感ずるのは、刑法と刑罰のこのような機能を期待したい事態が生じたときにほかならないから、これをまずもって考察したわけである。

しかし、刑法や刑罰は国民の利益を守ると同時に、その自由の範囲を狭め、犯罪者に対しては重大な利益侵害を科すものだから、刑法や刑罰の機能を期待したい事態が生じたかどうかの認定は、慎重でなければならない。とくに問題となるのは、もっぱら国民の利益を保護するためというよりは、国家権力の安全・円滑な行使を保護する点に重点のおかれた刑罰法規の制定である。国家権力の行使にも、国民の利益を守るためという側面があるから、国民の利益とは完全に切りはなされた国家的利益というものは存在しえないだろう。しかし、問題は両者の結びつきの強さである。ここまで考えてくると、国家はいったい何のために存在しているのかという、古来争われた国家論に行きつく。

説明をわかりやすくするために、例をあげることにしよう。まず、刑法の中に殺人罪の規定がある（第一九九条）。この規定によって殺人行為が予防され、われわれ国民の生命は守られているといってよい。国家そのものに、殺人罪によって保護されるような意味での生命はないから、殺人罪の規定は、もっぱら国民の利益を保護するために国家の刑法制定権力が行使されたとみてよいだろう。しかも日常生活上人を殺したい欲望とか、人を殺す必要性が生ずるのは稀だから、殺人が刑法上禁止されても、ほとんど自分の自由が狭められたという感じはしない。逆に、殺人罪の規定がなくて、自分はいつ他人から殺されるかわからないという状態にあるとしたら、人間はたいへん不安になる。生命は、もっとも大切な利益だからである。そこで、殺人罪の規定が設けられることについては、おそらく誰も異論をさしはさまないだろう。このような性格の非行のみについて国家が処罰の必要性を感ずるとしたら、そこには全然問題がない。

ところが、たとえば所得税法（第一二〇条第一項）によると、居住者は一定以上の年間所得金額があった場合には、税務署長に対し所定の申告書を提出しなければならないものとされているが、もし正当な理由がなくてこの申告書を提出期限までに提出しなかった者は、一年以下の懲役または二〇万円以下の罰金を科せられることになっている（同法第二四一条）。この規定を、前掲の殺人罪の規定と比較してみると、両者の性格の違いがよくわかるだろう。殺人罪の規定によっては、国家は直接的な利益を何ら受けていないが、不申告罪の場合には、国家はむしろ直接的に保護されているといってよい。殺人罪の場合には、いやいや殺人をやめる（国家の命ずる適法行為）というようなことはほとんどないが、不申告罪の場合は、心からよろこんで申告をする人などはありえず、みな不承不承申告（国家の命ずる適法行為）をするのである。なぜなら、申告をするとそれだけ税金をとられるという不利益の生ずることがわかっているからである。

表面的にみれば、この規定によって国民は損ばかりし、国家は得ばかりしているように思われる。しかし、それでも、国民は一方的に不利益のみをこうむっているかというと、そうではない。この制度があってこそ税金の徴収ができ、国および地方自治体の財源が確保され、それはひるがえって国民および住民の利益につながっているという面を看過することはできない。したがって、もちろん税負担が実質的に平等であり、予算の配分が合理的であることが前提になるが、仮にそうであれば、国家のみが得をしているとみるのは一面的である。個人への予算の配分と共益費の分担とを清算すれば、結局国民・住民は利益を還元されていることになるわけで、国家が得をすることによって結局国民・住民が利益を享受するとみることは可能である。

しかし、たとえば仮に、街頭デモは交通の妨害になることが多いし、騒音をまき散らすし、社会不安の原因となるので一切禁止するという刑罰法規の制定が問題になったとする。現実には憲法第二一条に保障された表現の自由を侵す立法であるかどうかが争われることになるが、憲法はただ「集会」とか「表現」とかという用語を用いているにとどまり、デモがこれに含まれるかどうかは、少なくとも言葉の上では明らかでない。そこで、このような処罰規定の必要性にまで遡って実質的に考察しなければならないことになるが、その場合には、この規定によって失われる利益と得られる利益との比較衡量が必要となる。失われる利益は、直接的には批判の自由、意見表明の自由であり、間接的には批判を拒否することによる独断専行とそれにもとづく利益侵害の可能性である。これに反して、得られる利益は、表面的には交通の円滑、都市生活の静穏などであるが、背後には権力者の政策遂行の容易さなどがひそんでいるかもしれない。

このような問題を考えてみると、処罰の必要性を判断するにあたっては、国家の利益と国民の利益とがどのような関係に立っているのかが考察の対象となるが、それを考えるにあたっては、さらに、国家というものが何のために存在するのかという、大げさにいえば国家存立の根拠が問題となってくる。

二　このような意味での国家論は、まさにプラトン、アリストテレス以来論議され続けてきたが、とくにこの問題との関係で参考になると思われるのは、近世以降の国家論、なかんずく各種の社会契約説である。

この点については、有名なホッブスとロックの見解の対立から出発するのが有意義である。ホッブス（一五八八―一六七九年）の考え方の基礎にある人間観は、「死ぬまで止まない力につぐ力への永続的な絶え間なき欲望」という一般的性向を持った人間であった。そして人間がそうである理由は、現在より多くを獲得しないことには現在持っているよく生きるための力や手段を確保することができないから、という点に求められたのであった。そうなると、人間関係は必然的に「万人の万人に対する闘争」という状態にならざるをえず、これを回避するためには、構成員の各人が自己の自然権を放棄して特定人または合議体を指名し、それに彼らの人格を担わせ、とくに共通の平和と安全にかかわる事柄についてその人の行為するところを本人の行為であると認め、彼らの意思を彼の意思に、彼らの判断を彼の判断に従わせる以外にはないこととなる。このようにして、ホッブスにおける国家の主権者はまさに絶対専制的なものとなり、君主制が是認されたのである。

しかし、ホッブスにおける主権者は、国民が自然権を放棄することによって主権を信託されたのだから、その信託の目的、つまり国民の安全の確保という目的にしたがってその職務を遂行すべき義務を負うものとされる。そして、そこに自然法による拘束を認めたのである（水田洋訳・ホッブス・リヴァイアサン㈠（岩波文庫）〈昭和二九年〉一九九頁以下）。

このようなホッブスの国家論は、封建的権力組織からの個人の解放を目ざしつつ、なお民主主義の確立までに至りえない時期、すなわち近世初頭の絶対君主制時代の国家組織を理論づけるという役割を持ったのであった。

これに対し、ロック（一六三二―一七〇四年）の思想の出発点をなす人間観は、まさにホッブスとは正反対であって、人間の自然状態には何人も従わねばならぬ自然法が支配し、その法たる理性はすべての人に対し、一切は平等かつ独立なのだから何人も他人の生命、健康、自由または財産を傷つけるべきでないということを教える。そして、人間は創造主たる神の作品であり、すべてその命により、またはその事業のためにこの世に送られてきたものである、とする。

このような人間観から、ロックはホッブスとは異なる理論をもって社会契約説を展開するのである。すなわち、人間は本来万人が自由平等独立であるから、何人も自己の同意なしにこの状態をはなれて他人の政治的権力に服従させられることはない。しかし、人間はある共同体に属さないと、それ以外の者からの侵害に対して安全保障を確立し、安全、安楽かつ平和な生活を相互の間に得させることができないから、一定の他の者との間に共同体を作ることを同意しあってこれを実現することができる。そしてその同意のもとに共同体が作られた場合には、多数を占めた者が決議をしてその共同体の方針を決め、他の者を拘束する権利を持つ。しかし、そのような組織された国家にあっては、唯一つの最高権である立法権があるにすぎない。すべての他の権力は、これに服従しなければならない。しかもその立法権の行使は、ある特定の目的のための信託的権力にしかすぎない。立法権がその信任に違背して行為したと認められるときは、立法権を排除または変更する最高権がなお国民の手に残されている――。このように説く（鵜飼信成訳・ロック・市民政府論〈岩波文庫〉〈昭和四三年〉一一〇頁以下）。

以上概観したように、ホッブスとロックはまったく正反対の立場から社会契約説に到達したのであるが、主権者の権限はやはりホッブスのほうが強い。すなわち、ホッブスによれば正当防衛権、黙秘権、傭兵契約を結んでいない場合の参戦拒否権は社会契約の際にも放棄されないとしているが、それ以外の場合には自然権の放棄が認められるように思われるからである。これに反して、ロックの場合には信託という概念が用いられており、しかも最高権はつねに国民に留保されているということになると、主権はまさに国民のためにのみ行使すべきであるという近代的な思想をそこにみてとることができる。

三　しかし、現実にフランス革命を通じて近代国家の形成に強い影響を与えたのは、一八世紀における啓蒙思想家の説く社会契約説、とくにルソー（一七一二―七八年）のそれである。

ルソーが社会契約によって得ようとした理想は「各構成員の身体と財産を、共同の力のすべてをあげて守り保護するような、結合の一形式を見出すこと。そうしてそれによって各人が、すべての人々と結びつきながら、しかも自分自身にしか服従せず、以前と同じように自由であること」であった（桑原＝前川訳・ルソー・社会契約論〈昭和二九年〉二九頁）。しかし、そのためには、各構成員をその権利とともに共同体の全体に対して全面的に譲渡することが必要であるとルソーは考えた。なぜなら、各人は自分を完全に与えるのだから、すべての人にとって条件は等しいからであり、各人は要求するものは何一つないので、争いが起こることもないからである。この結合行為は、公共と個々人との間の相互の約束と、各個人の自分自身に対する約束という二重の約束から成り立つ。そして、主権者はそれを構成している個々人からのみ成り立つものだから、彼らの利益に反する利益を持っていないし、また持つこともできない。これに反し、各個人は人間としては一つの特殊意思を持っており、それは彼が市民として持っている一般意思に反するかあるいはそれと異なる場合がある。しかし、社会契約を空虚なものにしないために、この契約は、何びとにせよ一般意思（総意）（volonté générale）への服従を拒むものは、団体全体によってそれに服従するように強制されているという約束を、暗黙のうちに含んでいるのである。もっとも、国民の決議がつねに一般意思であるわけではない。それが私の利益を心がけるときは、それは全体意思（volonté des tous）であって、特殊意思の総和にしかすぎない。一般意思は、つねに正しく、つねに公共の利益を目指すものである。社会契約が政治体に与えた全構成員に対する絶対的な力がこの一般意思によって指導される場合、これを主権という。市民は主権者が求めれば国家に対しなしうる限りの奉仕をただちにする義務があるが、主権者側においても、共同体にとって不必要な負担は、決して臣民に課することはできない。いや、そういうことを意思することすらできないのである。――ルソーはこのように説く（前掲書三〇～五〇頁）。

ルソーは、理想的な政治形態としては、代議制でなく小規模な直接民主制国家を考えていたようであるが（前掲書一三三頁）、前掲のような考え方は、代議制をとる国家形態にも適用しうるところである。ルソーの思想は、国権絶対主義に通ずる側面も併せ持っていたと評価されているが（多くの人の指摘するところである。最近では例えば加藤新平・法哲学概論二〇八頁）、それが近代民主主義国家の建設に理論的基礎を提供しえたのは、その社会契約説が自然法的な性格を持つ一般意思の理論によって裏打ちされていたからであろうと思われる。

四　まさにルソーがその「社会契約説」の冒頭で述べたように「人間は自由なものとして生まれた。しかもいたるところで鎖につながれている。自分が他人の主人であると思っているようなものも、実はその人々以上にドレイなのだ。どうしてこの変化が生じたのか？　わたしは知らない。何がそれを正当なものとしうるか？　わたしはこの問題は解きうると信じる」（前掲書一五頁）。

ルソーはこの問題解決の答えとして前掲のような学説を樹てたわけだが、この社会契約説的な考え方は、現在でもなお深いところで近代国家、とくに議会制民主主義を中核とする市民国家存立の思想的基礎をなしていると思われる。二〇世紀初頭にもっとも包括的な国家学の著書をあらわしたイェリネックも、「個人自身が国家を必要欠くべからざるものと認め、それゆえに自由かつ意識的に国家を創設したのであり、したがってそれを承認することはただ彼自身の行為の帰結にすぎない、ということを個人に示すことよりまさる国家の正当化は、一見したところほとんど考えられない」（芦部等訳・一般国家学〈昭和四九年〉一六五頁）とまで評価せざるをえなかったのである。しかし、同意とか信託とか社会契約というものが歴史的な事実として存在しないという点は、社会契約説のもっとも大きい弱点であり、科学の観点からは支持されないこととなった。国家論の一般的動向は、カントの契約説（恒藤＝船田訳・カント・法律哲学〈昭和八年〉二二四頁以下）を最後にこれからはなれ、契約説が共通にもっとも問題としたところの、国家の支配権力、強制権力の基礎づけを、国家の本質や目的との関係で行なおうという方向に問題関心を移していったのである。

現代の国家論は、国家は階級支配の道具であるとするマルクス主義的な国家観をめぐってひどく揺れ動いたが、これを採らない自由主義国家論の中では、国家の目的を国民の利益保護というところに求める見解が依然として根強い。そこには、国家は国民がみずからの利益を守るために作ったものだという社会契約説的な考え方が、形を変えて生き続けているといってもよいだろう。もっとも、一概に国民の利益保護といっても、国民間で利害が相対立する場合国民のどの部分の利益を保護すべきかの問題が登場してくることはいうまでもない。したがって、国家目的の中にはそのような国民間の利害対立の調整が不可避に混入してくることになり、その調整原理について学者のあいだに見解の相違が生ずることとなったのは当然のことである。

さて、この点については、私は以下のように考えたい。まず個人を保護することが他の個人の利益をほとんど害しない場合には、国家は端的に個人の利益を保護すればよい。ところが、現在のような国民国家制の時代においては、人間はいうまでもなく孤立した個人として存在するのではなく、国民として、他の個人と連帯して生活を営む。したがって、その局面においては個人間に利益の衝突が起こることは当然といわねばならない。この衝突を事前的にあるいは事後的に、法をもってあるいは国家行為をもって調整するのが、まさに国家に期待された任務である。

その場合の調整の仕方として、個人の権利を基礎に考えていくか、公共の利益を基礎に考えていくかについては、周知のように基本的な対立がある。わが憲法は全体主義的な思想を排して個人主義的な立場を明らかにしているから、この場合にも基本的人権を中心にして考え、ただ基本的人権にも公共の福祉に従うという内在的制約のあることを明らかにしたのであった（第一二、一三、二二、二九条）。また憲法が基本的人権の制約を積極的あるいは消極的に規定しているような場合、たとえば財産権の制約という性格を持つところの、納税義務に関する規定（第三〇条）とか、生命、自由、財産に対する侵害という性格を持つところの、刑罰権行使の可能性に関する規定（第三一条）のような場合にも、基本的人権の主張は許されないものとされている。このような立場は、さもないと公共の福祉が限りなく優先され、基本的人権が圧迫され、ひいて全体主義のカタストローフに陥るのを防ぐ思考の方向であり、正しいものを含んでいると思う。

要するに、個人ではなく「国民の利益」が国家による保護の目的とされる以上、個人の権利行使が制約されても「国民の利益保護」が損われたことにはならない。そして、その制約は憲法的表現をもってすれば公共の福祉のためということになる。しかし、公共の福祉のためという大義名分をふりかざすと、結局は全体主義国家と変わるところはなくなってしまう。その判断はきわめて慎重でなければならない。そこでその場合、ひとまず精神的な戒めの基準としては、近代市民国家建設に力のあったあの社会契約説における信託とか同意というような観念を想起すべきであり、具体的な基準は、結局それぞれの問題に則して考察していくほかはないと考える。

そこで、次に、刑事立法という分野において国家的社会利益が国民の利益保護という任務を越えてひとり歩きしたとみられる場合はどのような場合かを考えてみることにしよう。

第三節　国家的・社会的利益の一人歩き

一　刑罰法規を制定することは、その限度において国民の自由を制限することになるし、違反した場合の刑罰の種類のいかんによっては、他の種類の法益を奪うという性格を持つ。したがって、刑罰法規の立法については、必ず、それによって得られる利益と失われる利益の比較衡量が必要とされるわけである。そして、その比較衡量をするのは当然国家であり、具体的には立案当局者である。

他方、刑罰法規によって保護しようとする利益は、必ずしも国民個人の利益だけに限られない。国家そのものの利益が刑罰法規によって保護の対象とされることがある。例えば刑法の中では、すでに内乱罪、外患罪、公務執行妨害罪、犯人隠匿罪、証憑湮滅罪などが、国家の法益を害する犯罪として刑罰の対象とされている。さらに、社会あるいは公共の利益が刑罰法規による保護の対象とされることがある。騒擾罪、往来危険罪、文書偽造罪、通貨偽造罪などの規定が保護するのは、すでに国民個々人の利益を超えるものがある。そこで、このような利益を保護するための刑罰法規の制定にあたっては、国家あるいは社会の利益と個人の利益との比較衡量がはかられることになるわけである。

しかし、個人の利益どうしの比較衡量でさえ、利益の種類が違うと容易でないのに、個人の利益と国家・社会の利益を衡量することは非常に困難である。そしてその結果、国家社会の利益は国民全体の利益にも通ずるということで、つねに個人の利益に優先するものと考えられかねない。そこで、国家の利益とは何か、それは国民個人の利益とどのように関連するかが問われねばならない。

二

この点については、前に所得税法における不申告罪に例をとって説明したが、その考え方が国家法益に対する犯罪の典型としての内乱罪にもあてはまるかを考えてみることにしたい。

だいたいこの内乱罪の規定ぐらい政治犯、とくに暴力革命によって来たるべき国家・社会を実現させようと考えている者にとって邪魔な規定はあるまい。そのような者からみれば、この規定、そしてこの規定を含むところの刑法全体が支配階級の保護のためにあり、被支配階級の抑圧の道具とされていると考えられるのである。刑法学に魅力を感じ、その研究を志そうとする若い学究にとって一つのつまずきの石となるのが、この内乱罪の処罰規定ではなかろうか。

たしかに、まず暴力革命は失敗すれば内乱罪として処罰され、成功すれば英雄的行為としてたたえられるという面のあることは否定できない。しかし、この点については、人間の知恵は有限だから、次に来たるべきものとして構想された社会は、来てみないことには正当に評価することができないという事実から出発すべきだろう。すべてが手さぐりで、試行錯誤をくり返しながら徐徐にあるいは急激に進化しているのが人類の歴史である。そこから導き出される結論は、まず第一に、来たるべき政治組織は誤っているのかもしれないのだから、納得づくで、つまり議会主義的な政権の交替という形で行なうのが筋であって、失敗した暴力革命はそのような観点から処罰せざるをえないということであり、第二は、成功した暴力革命に対する評価は、もはや歴史に委ねるほかはないということである。失敗した暴力革命を正当と許容したり、成功した暴力革命を不当として処罰したりすることができるのは、全知全能の絶対者だけだといわざるをえない。

次に、内乱罪の規定によって保護されるのは、たしかに現在の政権の担い手たち、あるいはそれを支持しあるいは背後で利用する特定の階級ないし階層であるかもしれない。しかしはたしてそれだけだろうか。国民の利益はまったく保護の外におかれているだろうか。そうでないことの証拠に、革命を成就した国でも、革命前にあれほど非難した内乱罪ないし類似の規定は必ず存置されているのである。それはなぜだろうか。それは、革命の担い手たち、つまり新政権の担い手たちが、その新政治組織を維持することが国民の利益になると信じているからにほかならない。たしかにみずから革命によって新政権の樹立を実現した国民に比べて、革命を経験しない国家の国民は、現政治組織を支持する迫力に欠けることは事実であろう。しかし、新政治組織が国民の利益になると信ずるという点では、革命によらないで新政権を樹立した国も同様である。つまり、議会制民主主義が機能している政治組織の中にあって政治組織の変更を国民がまだ意思表示していない時点――つまり暴力革命の担い手の示す新政治組織が国民の納得を得られていない時点――で、暴力革命によりその政治組織を破壊することは、その政治組織の中に安住している国民の利益を害するといわざるをえない。もっとも、それは、決して現政治組織のほうが正しいとか、構想された政治組織が誤っているということを意味するのではない。それとはまったく無関係なことである。よいか悪いかの評価ができない場合、国民は在来の政治組織を是認するほかはなく、その是認は一つの利益にほかならない。

このような意味で、現行刑法にあるような内乱罪の処罰規定は、たしかに国家の利益を保護するものであるが、それは国民の利益に還元しうるところの国家の利益を保護していると解されるので、決して国家の利益が国民の利益からはなれて一人歩きしたものの例とみることはできない。同じように、たとえば公務執行妨害罪の規定も、一般に国民の利益保護のために執行される行政権の行使を保護する規定であるという意味において、これを是認することができよう。

三　しかし、時として、国民の利益から遊離した国家的利益を保護しようとする刑罰法規が提案されることがある。その例として、昭和三六年に発表された改正刑法準備草案[(1)]の第一三六条「機密探知罪」をあげることとしよう。

ここで提案された機密探知罪の規定は、「外国に通報する目的で、日本国の安全を害するおそれのある防衛上又は外交上の重大な機密を不法に探知し、又は収集した者は、二年以上の有期懲役に処する（一項）。外国の利益をはかり、又は日本国の利益を害する目的で、日本国の安全を害するおそれのある防衛上又は外交上の重大な機密を外国に通報した者も、前項と同じである（二項）」というのであり、未遂処罰の規定も設けられている（第一三七条）。

この規定の立案趣旨は、同条の説明書によれば、「現行刑法には、もと、間諜行為及び軍事上の機密を漏らす行為を罰する規定があったが（第八五条）、昭和二二年法律第一二四号によって廃止された。これは一切の軍備を撤廃した結果、もはや軍事上の機密というものもなく、従ってその探知収集（間諜）又はこれを漏らすということも問題にならぬと考えられたのであろう。しかし、今や防衛庁というものがあり、陸上、海上、及び航空自衛隊というものがある。そして防衛庁及び自衛隊は防衛上の秘密をもっている。その或るものは、国家の安危にかかわる機密である。刑法においてかような機密を保護する規定の必要であることは、あらゆる国の刑事立法のおいて間諜その他機密保護の規定があることによっても明らかである（後略）」とされている。

他国の軍事力からの防衛問題は、戦後のわが国における最大の難問の一つたるを失わない。戦争の放棄を宣言し、軍備および交戦権を否認した憲法第九条のもとで「嫡出でない子」として出生し生長した自衛隊に対する評価は、今でも微妙に揺れ動いている。しかし、自衛隊も自衛戦力という限度では必要やむをえないのではないかと考え、したがって防衛機密というものの存在を承認する国民のかなりの部分も、防衛機密を刑法によって保護するというところまで来ると躊躇を感ずるのではなかろうか。自衛隊の存在がにわかに大きく強く印象づけられ、再軍備に向けた軍靴の足音が、まだ遠くはあるけれども腹の底に響くように感ぜられてくるからである。まして自衛隊の存在は違憲であるばかりでなく、かえって外国に対し強大な軍事力を行使させる口実を与えるなどの危険があるという考えをとる者にとっては、それはとうてい容認できることではない。

このようなことで、準備草案が公表されるや否や、それの認める機密探知罪の規定に対してははげしい批判が集中した。この批判が効を奏したためであるかどうかは明らかでないが、この準備草案を「重要な参考資料」として刑法全面改正の審議を進めた法制審議会刑事法特別部会では、ついにこの種の規定は完全に削除され、改正刑法草案にはこの種の規定は設けられないこととなった。

このような経過を、本書本来の話の筋に戻して考えてみるとどうなるだろうか。前述のように、刑事立法の評価については、必ずその規定が設けられることによって得られる利益と失われる利益とを比較衡量することが必要である。たしかに機密探知罪の規定が設けられた場合、防衛担当者という国家機関の利益は確保される。しかも、この種の規定が設けられても、だいたい一般国民は、外国を利するためわが国の防衛機密を探知するなどということはしないのがふつうだから、自由が制限されるという点ではほとんど痛痒を感じないだろう。その点での失われる利益がさほどに大きいものではないということは、たしかにいえることである。しかし、仮にこの種の規定が設けられることによって自衛隊が公認され、現在の日本をめぐる種々の情勢との関係で眺めてみるとその小さな針の穴が再軍備という大きな穴につながりかねないのではないかという危惧の念が生ずるとすれば、そのような大きな穴が生じた場合に失われるであろう利益と、この種の規定があることによって得られる利益とを比較してみる必要が生じてくる。この種の比較衡量も、刑事立法の評価にあたってはぜひ必要なことである。

もっとも、右に述べたような予測は、必ずしも科学的に検証されうるものではない。したがって、反対論は十分ありうることである。さらに、多くの国民がそのような予測を漠然とながら持っていると考えること自体も、主観的な推測にしかすぎない。しかし、一人の人の考えの中でそのような予測・推測が生ずるとすれば、少なくともその人にとっては、その予測・推測にしたがった利益衡量をする必要があることだけは間違いない。あとは、その予測・推測がどれだけ人を説得しうる力を持っているかの問題が残るだけである。

もし右の予測・推測がかなりの国民の層を支配していたとすれば、機密探知罪の規定を設けるということは、国民の利益を越えて国家の当面の利益を保護しようとしたことを意味する。国家の当面の利益が一人歩きしてしまったわけである。刑事法特別部会の審議の中で機密探知罪の規定が削除された理由は必ずしも一律ではなかったようだが、基本的にはこのような国家的利益の一人歩きへの反省が原動力になっていたように思われる。

(1)　改正刑法準備草案は、戦後の刑法全面改正作業の最初の成果である。昭和三一年、時の法務大臣は法務省特別顧問小野清一郎博士に対して刑法および刑事訴訟法に改正すべき点があるかを諮問した。それと同時に、法務省内に少数の学者・実務家より成る刑法改正準備会が設けられ、刑法改正に関する新たな原案の作成が委嘱された。そこで、同準備会は小野博士を議長として審議を開始し、昭和三六年四月にこれを終えた。その成果が、昭和三六年一二月二〇日に公表された改正刑法準備草案である。その条文および理由書は、刑法改正準備会・改正刑法準備草案・附同説明書（昭三六）として発表されている。

四　これまで国家の法益と個人の法益との関係を考察してきたが、社会の法益についてもほぼ同じことがあてはまる。つまり、国民ないし住民の利益の保護に還元されるような社会法益のみが刑罰法規によって保護さるべきである。

他方、社会的利益が個人的利益からはなれて一人歩きする仕方は、国家的利益の場合とは多少異なる。そこでは、社会的な道義秩序というものが独自の保護利益とされ、国民はそのような道義秩序に従う義務があり、したがってその義務に違反すればそこに違法性が認められるというように考えられる。

このような考え方によると、たとえばわいせつな文書・図画を頒布・販売・公然陳列する行為は、性的道義秩序に反するから違法であり犯罪とされるのだという。成人だけを相手にして密室でブルーフィルムを見せても、それはこのような性的道義秩序を害するから犯罪になるのだとされる。もちろん、このような考え方をとる者も、窮極においては国民の利益保護を考えていないわけではない。性的道義秩序が壊乱すると、結局女性や幼児・少年の利益が害されるばかりでなく、頽廃した精神が社会の秩序全体を弛緩させ、それがひいて国民の各種の利益侵害につながっていくという論理が使われるのである。

たしかにこの考え方は、それ自体一点の非の打ちどころもないように見える。しかし、それが性的道義はかくあるべきだというイデオロギーとの関連で説かれると、とくに刑法改正とか新しい立法をする際に動きがとれなくなってしまう。人間はおよそブルーフィルムなど見るべきものでないのだ、それが性的道義秩序だ、という立場に立つと、ブルーフィルムを見せる行為は、どのような条件のもとでも犯罪とならざるをえない。それも一つの考え方であることはたしかである。

ところが、このような考え方とは異なる考え方がある。性表現物を見たくない人の目にも必然的に止まるようにしたり、性的に未成熟な幼児・少年の目にもふれるようにすると、そこには明確な利益侵害がある。したがって、それを刑法的に取り締ることには合理性がある。ところが、これを見ることによってとくに悪影響を受けない人が、見たいときに見ることに対しては、どのような利益侵害が考えられるだろうか。このような場合をも一括して処罰の対象にしてしまうのは、やはり個人の利益からはなれた道義に独立の地位を与えるからであって、道義は国民の利益のためにあるというならば、利益侵害のないところに道義違反＝違法を認めるのは適切でないだろう。

もっとも、このような考え方に対しては、さらに反論がありうる。まず第一に、ブルーフィルムなど下劣なものは見るべきでないのだという反論が考えられる。しかし、これについては、そのような他人の利益を害することのない個人的な行動に関する義務は、本来道徳に委ねておくべきものであって、刑罰をもって担保すべきものではないという再反論が可能である。刑法が、そのような個人的道義を担保するための法律だということになると、違法性の本質は道義違反・義務違反だということになり、その範囲は著しく拡がってしまう。

第二に考えられる反論は、見ても差支えない人で見たい人だけには見せるということになると、結局それは商業主義に乗って世の中全体に普及し、結局見たくない人、見せてはならぬ人の目に止まるようになる、というのである。この反論が事実そうであるならば、この反論には耳を傾けざるをえないだろう。しかし、それがまったく不可能であるとはとうてい考えられない。種類を選別し、広告を規制し、未成年者を排除する方法を徹底すれば、それは部分的に可能であると思われる。

ところで、私も違法性の認定にあたって、義務違反というようないわゆる行為無価値の側面を排除すべきだという考えをとっているわけではない。しかし、違法性の本質が義務違反、道義違反であり、したがって違法性の外枠がそれによって決まるとする考えは、前述のような意味で採用しないだけである。行為無価値は、結果無価値すなわち法益の侵害・危険という観点から違法性の外枠が画されたのちに、内部に向かって、つまり違法性を排除する方向でのみ斟酌さるべきだと考えるのである。そのような立場は、現在では刑法学界の中心的な考え方であるといってよい。そのような立場からすれば、性表現物に対する刑法的規制に関する前述のような見解は、単に立法論というのでなく、現行法の解釈論あるいは運用基準としても妥当しうると思われる。

五　わかりやすいのでわいせつ文書・図画に例をとって説明したが、現行刑法の中にもそのような立場から問題となる規定が若干残っている。たとえば単純賭博を処罰する刑法第一八五条の規定である。この規定を適用するならば、サラリーマンのわずかな賭けマージャンも犯罪だということになる。たしかにプロの賭博師が素人の成金を抱きこんで全財産をとう尽させたというようなのは、一つの社会問題であり、刑法的な規制の対象たりうると思う。しかし、それに対しては第一八六条に常習賭博罪の規定がある。社会問題になるような賭博は、だいたいこれでまかなうるだろう。それにもかかわらず単純賭博を違法だとしているのは、やはり賭けごとはいけないことだという道義を高く掲げ、これを刑法で担保する必要があると考えているからにほかならない。これを刑法からはずすと、道義からもはずれてとめどなくなってしまうという恐怖感が底を流れているのかもしれない。

賭博は、元来、場合によっては財物をとられてしまうことに対し自分自身承諾のある場合である。承諾があるという点では常習賭博も同様であるが、そこでは一般に賭ける額が大きく、しかもいかさまなどの行なわれる余地の多い点に着目して別扱いしてもよいであろう。事の本質は、単なる外面的な常習性にあるのではなく、暴力団や賭博師などの賭博が狙いとされているといってよい。これに反し、単純賭博の場合には、承諾がある以上害するものは道義以外の何物もない。賭博をするかしないかは、ブルーフィルムを見るか見ないかと同様に、純粋に個人の自己規制の問題であって、他人に迷惑をかけるところがない。いわんや現在のように、地方公共団体の財源確保を主目的として競馬、競輪のような賭博が公然と認められ、何億という大金が舞うことが法律によって是認されている[1]時代である。単純賭博は、ぜひ刑法の対象からはずすべきだろう[2]。賭博の害が急増するとはとても思われない。

(1)　競馬・競輪等に金を賭けること、具体的には勝馬投票券、勝車投票券、勝舟投票券を買うことは、本来刑法上の賭博にあたるが、競馬法、自転車競技法、小型自動車競走法、モーターボート競争法により国家的に承認されているため、刑法三五条の「法令による行為」として法律上正当とされる。なお、宝くじの発売も刑法一八七条一項の富くじ発売行為にあたるが、当せん金附証票法によって違法性がないものとされている。

(2)　それにもかかわらず、改正刑法草案二五一条一項は、単純賭博罪をほぼ現行法と同様な形で残し、法定刑にさらに拘留を加えた。これは、改正草案の基本的立場が個人の利益保護を越えて国家社会的道義秩序の保護を刑法の任務と考えていることの一つのあらわれである。

六　さてこれまでの考察は、刑罰法規の制定を含む国家的活動についてほとんど歴史的な法則性の観点を加えず、ただ筋書だけを追うようにして行なってきた。立法の理念として自然法を考えるとしても、それは内容の可変な自然法だから、何らかの法則に支配されて社会生活が歴史的な変動を遂げることは予想しているのであり、変動があった場合にもそれに対応しうるものとして観念してきたのであった。これに対し、その変動の中味や法則の性質については、これまでこれを捨象してきたのである。しかし、刑罰法規の制定という国家的活動に対して法則的な影響を及ぼすものがあるとすれば、それこそ刑法の根底にある原動力であり、ぜひこれを探求しなくてはならない。

この点に関し、きわめて説得的な理論体系を展開したのは、いうまでもなくマルクス主義の思想である。そこで、本書も、刑法の根底にあるものの重要な一つとして、次にこれを考察の対象としなければならない。

第四章　法の下部構造としての経済

第一節　マルクス主義の基本思想

一　人間の意識が存在のあり方を決定するのではなくて、逆に存在のあり方が意識を決定する。法や政治が経済を動かすのではなくて、逆に経済が法や政治を動かす。国家や法は、支配階級であるブルジョア階級の支配の道具であるとして、独特な唯物史観と共産主義革命論をひっさげ衝撃的に近代思想史に登場したのは、マルクス（一八一八年－一八八三年）であった。

一八世紀前半に、のちにフランス革命をはじめとする近代市民革命を指導することとなる啓蒙思想が、とくにフランスの思想家たちによって劇的に説かれたあと、一八世紀のごく末から一九世紀の前半にかけて花々しく登場したのが、カントからヘーゲルに至るドイツ観念論哲学であった。その理性の優位を説く思想は、自由、平等、博愛を旗じるしに封建的支配勢力を打倒し、新たな市民国家の建設に夢を託していた当時のヨーロッパ知識人にピタリとくるものがあったに違いない。しかし歴史は目まぐるしく展開した。近代市民国家の建設は、中世の半ば以来徐々に富と力を蓄積してきたブルジョアジーが、その担っている資本主義的経済組織をいっきょに実現するという意味を含んでいたのだから、市民国家建設後はただちに各国で産業革命が起こり、資本主義は爆発的に発展した。そこで、一方において発明・発見を助長する自然科学の振興政策がとられ、その結果自然科学的思考方法がすべての分野に影響を及ぼすという思想傾向が生ずるとともに、他方において資本主義に内在する矛盾が一気に顕在化し、いわゆる社会問題が激化して、これに対応する思想が登場することとなった。

たしかに、資本主義の発展に伴って何が起こるか、予測も経験もなかった当時のヨーロッパにおいては、事態はまさに深刻なものがあったに違いない。自分の労働力を売る以外に財産を持たない労働者と、働かずしてますます富んでいく資本家という階級の分裂、搾取、低賃金、失業、貧困、犯罪と非行の増大といった新たな社会問題の台頭、情緒豊かな田園生活から精神の枯渇した都市生活への変化、生産工程の歯車の一つと化したことに伴う自己疎外現象。こういったものが少なくとも工業都市においてはげしく現われ、それに対する対応策は、何も講ぜられなかったのが当時のヨーロッパである。マルクスが登場したのは、まさにこのような歴史的発展段階と、社会生活の現実を背景とするものであった。マルクスは、ヨーロッパ諸国よりも一世紀以上前に産業革命をなしとげ、それだけに産業革命後の社会問題に世界でもっとも早く悩んだ国イギリスの実情を観念の世界で普遍化することにより、その独特の唯物史観と国家論、共産主義革命論を展開するに至るのである。

二　マルクスは、その著「経済学批判」の序言の中で、その思想の核心を簡潔に叙述している。次のようにいう。「人間は、その生活の社会的生産において、一定の、必然的な、かれらの意志から独立した諸関係を、つまりかれらの物質的生産諸力の一定の発展段階に対応する生産諸関係を、とりむすぶ。この生産諸関係の総体は社会の経済的機構を形づくっており、これが現実の土台となって、そのうえに、法律的、政治的上部構造がそびえたち、また、一定の社会的意識諸形態は、この現実の土台に対応している。物質的生活の生産様式は、社会的、政治的、精神的生活諸過程一般を制約する。人間の意識がその存在を規定するのではなくて、逆に、人間の社会的存在がその意識を規定するのである。社会の物質的生産諸力は、その発展がある段階にたっすると、いままでそれがそのなかで動いてきた既存の生産諸関係、あるいはその法的表現にすぎない所有諸関係と矛盾するようになる。これらの諸関係は、生産諸力の発展諸形態からその桎梏へと一変する。このとき社会革命の時期がはじまるのである。経済的基礎の変化につれて、巨大な上部構造全体が、徐々にせよ急激にせよ、くつがえる。このような諸変革を考察するさいには、経済的な生産諸条件におこった物質的な、自然科学的な正確さで確認できる変革と、人間がこの衝突を意識し、それと決戦する場となる法律、政治、宗教、芸術、または哲学の諸形態、つづめていえばイデオロギーの諸形態とをつねに区別しなければならない。ある個人を判断するのに、かれが自分自身をどう考えているかということにはたよれないのと同様、このような変革の時期を、その時代の意識から判断することはできないのであって、むしろ、この意識を、物質的生活の諸矛盾、社会的生産諸力と社会的生産諸関係とのあいだに現存する衝突から説明しなければならないのである。一つの社会構成は、すべての生産諸力がそのなかではもう発展の余地がないほどに発展しないうちは崩壊することはけっしてなく、また新しいより高度な生産諸関係は、その物質的な存在諸条件が古い社会の胎内で孵化しおわるまでは、古いものにとってかわることはけっしてない。だから人間が立ちむかうのはいつも自分が解決できる課題だけである、というのは、もしさらにくわしく考察するならば、課題そのものは、その解決の物質的諸条件がすでに現存しているか、またはすくなくともそれができはじめているばあいにかぎって発生するものだ、ということがつねにわかるであろうから。大ざっぱにいって、経済的社会構成が進歩してゆく段階として、アジア的、古代的、封建的、および近代ブルジョア的生産様式をあげることができる。ブルジョア的生産諸関係は、社会的生産過程の敵対的な、といっても個人的な敵対の意味ではなく、諸個人の社会的生活諸条件から生じてくる敵対という意味での敵対的な、形態の最後のものである。しかし、ブルジョア社会の胎内で発展しつつある生産諸力は、同時にこの敵対関係の解決のための物質的諸条件をもつくりだす。だからこの社会構成をもって、人間社会の前史はおわりをつけるのである」（武田＝遠藤＝大内＝加藤訳・マルクス・経済学批判〈岩波文庫〉〈昭和三一年〉一三頁以下）。

三

このマルクスの言葉に端的に表現されているように、マルクス主義の思想の根幹は、人間はそれぞれの生産諸力の発展段階においてそれに応じた生産関係を必然的に結ぶものであり、その社会の経済機構の土台の上に、国家、法律、政治といった上部構造がそびえ立ち、人間の意識までがそれに対応するという考え方である。これによれば、刑法もまた上部構造の一環として、下部構造たる経済機構の運動法則によりその制定の可否や内容が決定されるということになる。言葉を換えていえば、刑法の根底にあってこれを動かすのは、その当時における生産関係を中軸とする経済機構だと解されるのである。

ところで、資本主義のもとにおける生産関係は、マルクス主義によれば労働者の賃労働がもっぱらブルジョア階級の資本の形成と増殖に奉仕するというブルジョア的な生産関係だから、そこには当然ブルジョア階級のプロレタリア階級に対する支配という政治的な形態が生まれてくる。「ブルジョア階級は、封建君主の支配下にあっては圧迫された身分であり、自由都市《コンミューン》にあっては武装し、自治をもった組合をなした。そしてあとのばあいは独立した都市共和国、まえのばあいは君主政体下の納税義務をもつ第三身分であった。次に工場手工業《マニュファクチャ》の時代になると、それらは身分制的王制または絶対的王制において貴族と平衡を保つ錘《おもり》の役目を果し、大君主制一般の主要な基礎となった。そしてついには、大工業と世界市場とが建設されて以来、ブルジョア階級は近代的代議制国家において、ひとり占めの政治支配を闘いとった。近代的国家権力は、単に、全ブルジョア階級の共通の事務をつかさどる委員会にすぎない」（大内＝向坂訳・マルクス＝エンゲルス・共産党宣言〈岩波文庫〉〈昭和二六年〉四一頁）とみられることとなるのである。

このような理解からすれば、刑法の根底にあるのはそれぞれの時代の生産関係であるが、直接的にはその生産関係の中における、他方の階級に対する一方の階級の支配だということになる。ここから、マルクス主義における、法の階級性という観念が生じてくる。

第二節　法の階級性

一　マルクス主義の中で法の階級性という言葉を使う場合、そこには特殊な意味合いがこめられている。すなわち（1）歴史が階級闘争の歴史であったということ、（2）階級が歴史的社会の一定の発展階段において必然的に形成されること、（3）階級はその歴史的社会における生産過程のうちに形成され、分配過程を媒介として実現されること、そして矛盾関係においてのみ階級であること、すなわち、その歴史的社会における生産力と生産関係との特殊な矛盾を担うものであること、（4）ブルジョアジーは、階級闘争の最後の段階に立つ搾取者たる支配階級であり、その否定―止揚を志向する矛盾的存在たるプロレタリアートは、みずからを解放することによって、階級社会をも止揚するに至るものであるということ、これを意識して「階級性」を語らねばならないとされている（沼田稲次郎・増補法と国家の死滅〈昭和四六年〉七頁）。

平野義太郎氏は次のようにいわれる。「生産力の一定の発展段階では、基本的な生産手段の所有が、直接の生産者からひきはなされ、社会の少数の人びとの手に集中される。こうなると、生産手段の所有者と直接生産者とが、たがいに一定の関係（階級支配の関係）のもとに組織されねば、生産者と労働手段とが結びつけられるわけにいかず、生産過程が編成されるためには、権力による命令と強制を加えて、人びとの行為を規律する法律規範が必要となってくる。――これが法律である。こうした階級的な生産関係の性格は、生産手段が、いったい誰の手に所有されているかにかかっており、かくして、それは権力による階級支配の強制を伴う行為規範としての法律を特徴づける。」

「生産物の分配は、もっとも表面的に観察すると、いかにも生産物だけの分配のようにみられ、そのかぎりにおいては、生産からはなれた、ただその結果の生産物の分配だけかのようにみえる。しかしながら、生産物の分配の前には、あらかじめ生産手段がいったい誰の手によって独占所有されているかという、（1）生産手段の分配がもともとの前提の事実になっており、（2）さらに、この生産手段の分配関係のうえに、いろいろな社会関係のなかに社会の成員を配置し編成する組織化がおこなわれている。したがって生産物の分配は、これらの生産手段の分配・社会成員の配置・生産の編制の結果であるにすぎない。だから生産手段の分配関係すなわち所有関係が、広義の生産関係における生産者の階級関係を決定し、これらの分配、交換、交通の諸関係を含んだ広義の生産関係を総括する社会の経済構造が、国家・法律形態を決定するという社会の組みたてになっている。これを建築物にたとえれば、生産関係の総体（経済構造）が社会の真の土台であり、そのうえに法律制度や国家、さらに法律意識などの意識形態が上部構造（上層建築）として組みたてられている。」

「上部構造である国家制度・法律組織は、その土台である社会の経済構造から、うちだされてくるものではあるが、そうだからといって、その上部構造は、けっして、たんに土台である経済構造を反射的に反映するだけのものではない。またそれが、ただ、たんに土台にたいして受動的だったり、中立的だったり、超階級的だったりするものではない。上部構造である国家や法律は、それを生みだした土台の運命、階級支配の性格、経済制度や経済組織の機能に無関心であるどころか、その土台に働きかけ、それを強め、経済の発展をうながし、階級の支配を強固にする。」（平野義太郎・マルクス主義法学〈昭和四九年〉九八頁以下）

二　要するに、マルクス主義における法の階級性という観念は、基本的には、法というものがあらゆる時代において支配階級の支配の道具であり、したがって資本主義法に属する現在の日本法も、独占資本家による支配の道具にほかならないというように総括することができるように思われる。しかし、その実質については、いろいろな理解が可能になってくる。

もっとも直截な理解は、現行法秩序の中に含まれているすべての個々の法規範が現実に階級支配の道具として機能しているという見方である。しかし、このような見方に対しては、階級支配という機能をおよそ営みえないような法規範、たとえば刑法でいえば強姦罪、名誉毀損罪などを処罰する法規範が法秩序の中には数多く存在するではないか、という批判が提起されることとなろう。そして、これに対して説得力ある解答を待つことは不可能なように思われる。

そこで、これとは正反対の理解が登場してくる。すなわち、法秩序というのは本質においてそうだというのみであって、現実に個々の法規範が階級支配に奉仕することは必要でない、というのがこれである。しかし、仮に法秩序を形成する大部分の個々の法規範が現実に階級支配に奉仕しえないとすれば、法秩序は全体としても階級性を持たないか、持つとしてもとりたてていう必要もないほどに空虚な意味しか含まないこととなってしまう。このような理解は、やはり説明が困難だろう。

そこで、法秩序は「大局において」階級支配の機能を営むから、やはり全体として階級性を持つという、両者の中間の理解が残ることになる。この理解によれば、支配の道具として機能したり、あるいはとりわけ支配階級を保護するような役割を演じたりすることがおよそ考えられぬ法規範が法秩序の中に含まれていても一向に差支えないわけで、このような理解が、一般には採用されているように思われる。沼田教授も、技術的規範はそれだけとしてみれば階級的ではないが、全体的な法秩序の一環として、階級的目的によって裏づけられた国家意思によって選択・定立されたという意味で、法の階級性自体を否定する契機にはならないとされ、同様な理由で、逆に、刑法の内乱罪の規定とか破壊活動防止法などのように、それ自体直接政権の維持に奉仕するような規範のみについてそれが階級的であるというべきではないという趣旨の主張をしておられる（沼田・前掲書二二一頁、二二二頁以下参照）。

このような理解によれば、刑法典を代表としこれを含むところの刑罰法規の全体系は、刑罰というもっとも強力な国家作用をもって支配階級の利益を擁護し、その支配を容易ならしめるという機能を持つ点で、階級的性格のもっとも強い法分野だと把握されることとなろう。このような法の階級性を法の「本質」と解するところに、マルクス主義法学の根本的な特質があると思う。

しかし、マルクス主義法学の主張者でも、法が国民の利益を現に保護していることを否定するものではないだろう。窃盗罪を処罰する規定は、たしかにブルジョアの財産も保護しているけれども、大部分が労働者であるところのわれわれ一般庶民の財産もたしかに保護している。殺人罪、放火罪、強姦罪などみな同じである。しかし、マルクス主義法学の立場からは、法が国民の利益を保護するのは法の「本質」ではなくて、法の「機能」にすぎないと解さざるをえないだろう。国民の利益を保護するのが法の本質だとすれば、法の階級性をかくも印象的に説くことはできないからである。

しかし、ここに一つの問題が生ずる。マルクス主義法学の立場からは、最後の支配階級であるブルジョアジーが労働者の手によって打倒され、およそ階級というものが止揚されるまでは、法はあくまでも支配階級の支配の道具に止まるのだから、支配を容易にするような法の制定・解釈・運用がなされた場合、それはむしろ当然の成行であって、これを法の本質とか理念とかという立場から法律学的に批判することはできないのではないかという疑問が残る。つまり、法の本質は国民の利益保護のためにあるという立場に立つならば、国民の利益保護よりも支配階級の利益擁護により奉仕する法律の制定・解釈・運用が行なわれた場合、法の理念というものに照らして法律学独自の立場から批判できるが、マルクス主義法学からはそれが困難なのではないかという疑問がこれである。その立場からこのような立法・解釈・運用を批判する理論的根拠は、だから早く現在の支配階級を倒さなければならないという「政治理論」に求めるほかはなくなるのではなかろうか。

しかし、いつくるかわからない革命までのあいだ、現存国家における法律の制定・解釈・運用を法それ自体の世界の中で検討・批判する余地は絶対に確保しなければならない。そのためには、法の理念とか法のあるべき姿を基準にせざるをえないだろう。法の階級性という観念を固く考えると、それは困難なように思える。法の階級性という観念は、法律学の世界では緩やかに、すなわち法は支配階級の支配に奉仕するという機能を営みやすいものだという程度に理解すべきではないだろうか。法の本質はむしろ国民の利益保護にある。したがって、強姦罪や名誉毀損罪のように階級とはまったく関係のない犯罪の処罰規定はもちろんのこと、内乱罪、公務執行妨害罪、騒擾罪の規定や公安条例などのように、反体制運動の抑圧に利用しうるような法規範も、そのように解しなければならない。むしろ、そう解することによってはじめて、一般国民の利益保護という観点からその存否、適用範囲を批判的に検討しうるというべきだろう。このような考え方が、マルクス主義における法の階級性という観念と合致しうるかどうか、疑問が残る。

三　さらに、少なくとも現在の日本の状況の中には、法の階級性という観念、あるいはマルクス主義における階級概念一般の理解をかなり困難にする側面がある。その理由の第一は、少なくとも古典的なマルクス・レーニン主義時代との比較において、労働者の地位や権利や生活が向上し、それとの反比例で企業主の絶対的支配力が低下し、貧富の差が相対的に縮まったからである。とくに個人・零細企業はもちろん中小企業をも含めて非常に多数の企業主が、外見上従業者とほとんど変わらない経営労働者的生活を送っているのをみると、企業主＝支配階級＝ブルジョアジーという古典的な公式は非常に理解しにくい。理由の第二は、現在では企業主と労働者とのあいだに一定限度の流通があり、従業者も同一企業内部で経営者あるいは企業主になれるし、またある企業の従業者が他の企業の大株主になることも可能である。地位と富とが一定の階層に定着して動かなかった時代とくらべ、このような事態は古典的な用語である「階級」の所在を不明にしているといって差支えないであろう。これが庶民の偽らざる受けとり方である。

ただこのような庶民でも、いわゆる大企業と呼ばれる企業グループがあり、これが政府与党や官僚組織に密着し、国の政治を蔭であやつっているのではないかという漠然とした推測を持っていることは事実である。このような大企業の役員や大株主は、自社の繁栄はもちろん、資本主義体制の擁護発展から多大の利益を得るのだから、まさに資本の論理法則にしたがって企業活動を行なうことになるだろう。もちろん、このような大企業の企業主と、従業者とのあいだにも身分の流通は可能であるが、莫大な資力を要するだけにその可能性は少ない。したがって、このあたりになるとようやく支配階級＝ブルジョアジーというイメージが強くなってくる。

このような現在の事態を前提にすると、法の階級性という場合、その「階級」とは何を指すのかをあらためて明らかにしなければならない。また、はたしてこの「階級」に属する人が現実に法の制定・運用に拘束的影響を及ぼしているのか、どのような形で及ぼしているのかを論証しなければならない。そうでなければ、ただ論理の筋としてそうだというだけであって、説得力を持たない。

この点に関しては、最近の藤田教授の業績が参考になる。藤田教授は、法の階級性を裏づけるために、「支配階級の利害」が「支配階級の意思」に凝縮され、それが国家機関の立法活動を通じて「国家意思」に転化するという過程をゲネシス論（発生論）的にとらえるという作業を試みられた。その中で、同教授は、資本家階級の階級意思の内容を左右するのは独占資本家層と「資本機能の政治的代行者」たる高級官僚層であるとされる。なぜなら「国家独占資本主義のもとでは、資本家階級の内部編成は、独占資本家層の利害を基軸として階級全体の利害が調整されるという特殊歴史的な編成をとらざるをえないから、独占資本家層の特殊意思が資本家階級全体の共通意思形成を主導することになるのは当然」だから、とされる。そして、この意思形成過程を担う組織として、第一に各種の「経営者団体」、第二にこのような諸団体間の利害の対立を調整しつつ資本家階級の主導的・支配的グループの利害・意思を規準として階級意思を成型するのに重要な役割を果たす「政党」、第三に階級意思の政策的表現・定式化の役割を果たす「高級官僚」という三者の「三角同盟」をあげられる（藤田勇・法と経済の一般理論〈昭和四九年〉九八頁以下）。

現在のわが国における階級構成のこのような理解は、決して藤田教授に固有なものではない。大橋隆憲編著・現代日本の階級構成（昭四六）は、資本金一〇億円以上の巨大企業千社余りを支配する資本家を独占資本家と呼び、これと、公経済の実権を握る官僚政治家、すなわち支配政党の議員、日銀・公社・公団の総裁や特殊会社の最高幹部層、中央・地方の高級行政官僚がわが国の支配階級を構成するとし、その数は約四万名であるという（八二頁以下）。そして、同書によれば、両者の癒着、というよりはむしろ公経済の巨大企業への奉仕の態様は、⑴巨大企業に対する減税、輸出奨励金・価格補給金などの名目での贈与、特別低利融資、⑵公共事業という名目での、巨大企業の「外まわり」の整備への奉仕的投資、⑶電力・工業用水・運輸サービスにおける巨大企業へのサービス価格、⑷巨大企業からの大量の商品の買入れ、⑸対外援助や賠償支払などの国家資本輸出による民間巨大企業のための海外市場開拓、⑹巨大企業で採算のとれなくなった産業（たとえば石炭）や、高額な創業資本を要する新産業（軍需産業関連部門）の国有化などであるとされている（九八頁以下）。おそらく、刑罰法規の制定に対する独占資本家層の意思実現の機序も、これとの類推において理解すべきものとされるのであろう。

このような分析は、刑法の根底にあるものの探求にとって非常に重要である。まず、ここで指摘された支配階級に属する人々の範囲は、まさに「外科医の大胆さをもって」（大橋・前掲書九〇頁）えぐり出されたものであって、限界設定にはいろいろ問題があろう。ここではその問題に取り組んでいる余裕はない。ただ、現在のわが国に大企業といわれるものが存在し、それが政策決定・立案にたずさわる官僚や立法を担当する国会議員に強い影響力を持っているという事実を看過することはできない。しかも、それがたまたま現在だけそうだというのではなく、一定の歴史法則の成行としてそうなっているということにも同時に注目しなければならない。この点を明らかにしたのはマルクス主義の功績であって、それはマルクス主義を全面的に是認しようと否とにかかわりなく承認することのできるものである。

ただ、刑罰法規の制定に関するかぎり、民主主義が未熟ないし抑圧された戦前はともかく、現行憲法の下において具体的にどのような影響を過去に与えたか、そして現在どのような過程をたどって影響を与えうる仕組になっているかの立証は困難であるので、刑法制定に影響を与えうる有力な要因と解するにとどめざるをえないのではなかろうか。そのようなものとしては、現在の大企業を含めて、経済的支配層の利害、意欲というものを刑法の根底にわだかまるものとして承認しうるし、承認すべきである。ただその限度にとどめるべきであって、刑法制定権力に影響を与える唯一の要因と解するのは真実にも合わないし、また刑罰法規の制定が明らかに他の要因によったと思われる場合の説明をきわめてあいまいなものにするか、あるいは非常なこじつけを試みるか、いずれかの道をとらざるをえないことになって適切を欠く。

第三節　法と国家の死滅の理論

一　さて、われわれは少なくとも古典的なマルクス主義の中に、共産主義社会における国家の死滅の理論が唱えられていることを知る。すなわち、プロレタリア革命が成就して資本主義が放逐され、労働者独裁という過渡的な国家形態を経過して真の共産主義社会が実現されると、国家したがって法は死滅するというのである。この主張は、刑法の根底にあるものを探求する場合に決して見逃すことができない。

この理論は、マルクスの所説の中には明確な形をとっては現われていない。それは、むしろとくにエンゲルスの著書の中にあらわれ、のちレーニンが、そのエンゲルスの主張に対する誤解などを正しながら展開したことで名高い。まずエンゲルスは次のようにいう。「こうして、国家は永遠の昔から存在するものではない。国家がなくてもすんでいた社会、国家と国家権力のことを夢想さえしなかった社会が、かつては存在した。社会の階級への分裂と必然的に結びついた経済的発展の一定の段階において、この分裂によって国家が一つの必然となったのである。われわれはいま、これらの階級の定在が必然でなくなるばかりか、かえって生産の積極的障害となるような、生産の発展段階に急歩調で近づきつつある。階級は、以前にその発生が不可避的であったのと同様に、不可避的に消滅するであろう。階級とともに、国家も不可避的に消滅する。生産者の自由で平等な協同にもとづいて生産をあらたに組織する社会は、国家機構全体を、そのときそれが属すべき場所にうつすであろう、すなわち、糸車や青銅の斧《おの》とならべて、考古博物館へ」（戸原四郎訳・エンゲルス・家族、私有財産および国家の起源〈岩波文庫〉〈昭和四〇年〉二二八頁以下）。

「プロレタリアートは国家権力を掌握し、生産手段をまずはじめには国家的所有に転化する。だが、そうすることで、プロレタリアートは、プロレタリアートとしての自分自身を揚棄し、そうすることであらゆる階級区別と階級対立を揚棄し、そうすることでまた国家としての国家をも揚棄する。階級対立のかたちをとって運動してきたこれまでの社会には、国家が必要であった。つまり、そのときどきの搾取階級が自分たちの外的な生産諸条件を維持するため、したがって、とくに現存の生産様式によって規定される抑圧の諸条件（奴隷制、農奴制または隷農制、賃労働）のもとに被搾取階級を力ずくで抑えつけておくためにつかう組織が必要であった。国家は全社会の公式の代表者であり、目に見える一団体に全社会を総括したものであった。しかし、国家がそういうものであったのは、国家がそれぞれの時代にみずから全社会を代表していた階級の国家——すなわち、古代では奴隷所有者である国家市民の、中世では封建貴族の、現代ではブルジョアジーの国家——であったかぎりにすぎなかった。国家がついにほんとうに全社会の代表者となるとき、それは自分自身をよけいなものにしてしまう。抑圧しておかなければならない社会階級がもはや存在しなくなったそのときから、階級支配や、これまでの生産の無政府状態にもとづく個人間の生存闘争とともに、それらのものから生じる衝突や暴行ざたもまたとりのぞかれたそのときから、特殊な抑圧力である国家を必要とするような、抑圧すべきものはもはやなにもなくなる。国家が真に全社会の代表者として現われる最初の行為——社会の名において生産手段を掌握すること——は、同時に、国家が国家としておこなう最後の自主的な行為である。社会関係への国家権力の干渉は、一分野から一分野へとつぎつぎによけいなものになり、やがてひとりでに眠りこんでしまう。人にたいする統治に代わって、物の管理と生産過程の指揮とが現われる。国家は『廃止される』のではない。それは死滅するのである。」（村田陽一訳・エンゲルス・反デューリング論〈マルクス・エンゲルス全集二〇巻〉〈昭和四三年〉二八九頁以下）。

さらにレーニンは、国家の死滅のための経済的基礎を分析したのち、次のようにいう。

「資本家の反抗がもはや終局的にうちくだかれ、資本家が消滅し、階級がなくなった（すなわち、社会的生産手段にたいする関係からみて、社会の成員のあいだに差別がなくなった）共産主義社会ではじめて、そのときはじめて、『国家は消滅し、自由について語りうるようになる。』そのときはじめて、真に完全な民主主義、真になんの除外例もない民主主義が可能となり、実現されるであろう。そして、そのときはじめて、民主主義は、つぎの単純な事情のために、死滅しはじめるであろう。すなわち、資本主義的奴隷制から解放された人間、資本主義的搾取の数かぎりない恐怖、野蛮、不合理、醜悪さから解放された人間は、数百年にわたってよく知られ、数千年ものあいだあらゆる習字手本のなかでくりかえされてきた共同生活の根本規則をまもることに、暴力がなくても、強制がなくても、隷属関係がなくても、国家と呼ばれる**特殊の**強制**装置がなくても**、これらの規則をまもることに、徐々に**慣れてゆくであろう**、ということがそれである。

『国家は死滅する』という表現は、はなはだ選択の妙を得たものである。なぜなら、この表現は、過程の漸次性をも、その自然成長性をも、しめしているからである。習慣だけがこのような作用をおよぼすことができるし、またうたがいもなくおよぼすであろう。なぜなら、われわれが自分の周囲で何百万べんも目撃しているように、もし搾取がなければ、もし人間を憤激させ、抗議や反抗をよびおこし、抑圧の必要をうみだすものが何もなければ、人間は、自分たちに必要な共同生活の規則をまもることにたやすく慣れてゆくからである」(宇高基輔訳・レーニン・国家と革命〈岩波文庫〉〈昭和三二年〉一二五頁以下)。

二　このような国家死滅論については問題が多い。ケルゼンは皮肉っていう。ブルジョア国家がプロレタリア国家となって、それの権力が未曾有に強大化されたとき、その国家がその発展の極点に到達した瞬間に消滅して、謎のように無に解消するなどということは、パラドックス以上のものではないか。それとも「いな、ここに奇蹟あり、ただ信ぜよ」というのか、と(長尾龍一訳・ケルゼン・社会主義と国家〈昭和五一年〉三九頁以下)。もっとも、これに対してはマルクス主義の陣営から、プロレタリア独裁の国家はブルジョア的残滓の残る過渡期の国家形態であって、ブルジョア的生産関係を打ち越えた生産力の発展が新しい社会主義的生産関係を必然的に形成していき、そのような社会が全世界的規模で実現されたとき、階級も国家もない社会になるのであって、右のケルゼンの批判はマルクス主義を正解していないとの反論が提起されている(沼田・法と国家の死滅二九頁以下、八三頁以下)。

この反論には、しかし、なお釈然としないものが残る。第一に、国家というものが「完全に」

階級的性格を持ち、階級的支配以外の性格をいささかも含んでいないとすれば、たしかに階級が解消すれば国家は死滅する。しかし、国家の形成に階級的支配以外の要素が含まれているとしたら、階級の解消だけで国家が不用になることにはならないだろう。今後ますます高度に組織化されねばならない計画経済を実施し、ますます複雑に錯綜し多様化するであろう国民文化を維持発展させるためには、階級的ではないにしても何らかの強力な支配機構は不可欠であり、それはまさに──名称はともあれ──国家にほかならない。第二に、これはケルゼンも指摘しているところであるが、全世界的視野からみて、仮に全国家がプロレタリア国家を実現したにしても、共産主義実現への方策の相違とか、政治的経済的利害の対立などから、容易に従来のような国家主権が廃棄できるとは思われない。これは、古来絶えまなく続いている民族問題はもちろん、現在の社会主義諸国家間、あるいは一国における社会主義者間の激烈なイデオロギー闘争をみても、たやすく推測しうるところである。現在は、ブルジョア・イデオロギーに包囲されているから、というのは理由にならないだろう。むしろ逆のはずだからである。

三

本書にとって、しかしさらに興味があるのは、法の死滅、とくに刑法の死滅が可能かという問題である。マルクス・レーニン主義のような唯物史観をとり、プロレタリア独裁国家の果てに共産主義社会が実現されるとした場合でも、はたして刑法の死滅は可能と考えられるだろうか。

この点に関し、ケルゼンは懐疑をいだく。性的、宗教的なる情熱、嫉妬、名誉心など無数の非経済的な原因から生ずる侵犯に対する強制機構は必要でないのか、と（長尾訳・前掲書三八頁）。これは、マルクス主義によらない多くの人の疑念を代弁したものであって、マルクス主義の立場からはまだ明確に答えられていない。沼田教授はいわれる。「このような見解は、国家および法が、階級社会においてのみ形成せられる政治的権力による強制の制度であることを明らかにし、たんに、社会にたいする侵犯ないし悪いっぱんがかならずしも国家および法の制度を形成せしめるものでないとする見解に立つ唯物史観にとって、また、もろもろの〝非経済的〟と考えられる悪も、それが社会的必然として犯される根源は、あくまで経済的諸関係のうちに存在すると観る唯物史観にとっては、そして、社会あるところ社会力によって、その実効をささえられた社会規範の存在を、いささかも否定しない唯物史観にとっては、毫も有力なる批判とならないことは多言を要しないであろう」と（沼田・前掲書八七頁）。

しかし、この解答も、必ずしも「多言を要しない」ほどに説得的であるとは思われない。まず第一の点は、唯物史観の論理を示したのみであって、犯罪に相当する非行の存在は国家および刑法の形成の原因とならないことの根拠づけになっていない。また第二の点は、たしかに「非経済的」とみられる犯罪についても経済的諸関係にその根源がある場合のあることは私自身も認めるにやぶさかでないけれども、すべてそのように割り切ることはできない。さらに第三の点は、刑法にかえておそらく道徳とか民衆による相互警告などに犯罪の抑止効果を期待しようというのであろう。前掲のレーニンの所説もこの希望を説き、ピオントコフスキーもこのレーニンの主張に依拠してこれを刑法の死滅の根拠にしている（中山・上田訳・ピオントコフスキー・マルクス主義と刑法〈昭和五四年〉一三二頁以下）。たしかに道徳その他の社会規範などによる犯罪の事前抑止はある程度達成されるだろう。しかし、後述する理由から、それだけでまかないうるとはとうてい思われない。

問題は、人間の、社会や国家や歴史とは関係のない「部分」をどう評価するかという点にある。マルクス主義者も、それが皆無であるとは誰も思っていないだろう。おそらくは、共産主義への移行によってその部分が刑法を必要としないほどに圧縮されると考えるのだろう。しかし、私はこの点に関しては悲観的である。まずケルゼンが指摘したような非経済的動機による犯罪については、たしかにブルジョア社会におけるようなはげしい競争やとげとげしい緊張関係などが寛解されることによってある程度件数が減ることは考えられる。また貧困や放置された欠損家庭の問題が減少するにつれて、そのような社会環境の生み出してきた犯罪も減少するということはいえるだろう。しかし、――とくに幼少期における――別個な不利な社会環境は必ず残ると思うし、また偶発的な非経済的動機の犯罪は、社会規範のみによっては抑制しきれるものではない。人間が本性において功利的であることは、過去をふり返ってみて、刑罰や刑事裁判や逮捕を受ける可能性がなくても自分の過去はまったく同じだったといい切ることが困難であるところからも知ることができよう。それは自分がブルジョア社会にいたからであるとはとうてい思われない。

事前抑止についてもそうであるが、事後処罰についても刑法の必要性が存続すると思われる。人類はいかに進化しても、復讐心のような素朴な感情を失うことはない。前述のように、刑罰の機能の中に報復感情宥和機能があるのは、まさにそのためである。事前抑止装置が働かなくて一定の重大な利益侵害があった場合、刑罰がまったく科されないままであると、人間は復讐か人民裁判を考え出す。人民裁判の判決は、何と名前をつけようと、そしていかなる種類であろうと、犯人の利益を害する内容のものであるかぎり刑罰にほかならない。刑法は支配の道具であるとしても、同時に犯人のマグナ・カルタ的機能を営むことは否定できないから、そのような刑法なしに報復感情を満足させる手段は、かえって危険だといわねばならない。

四　なお、刑法の死滅の問題に関しては、刑法学の立場からもう一つ考察を加えておかねばならないことがある。それは、前述のように犯罪自体が相対的に減少するだろうということとの関係で出てくる考慮であるが、残った非行はすべて刑罰ではなく、現在でいう保安処分（治療・改善処分）でまかなうという意味で刑法の死滅を考える余地はないとはいえない。たとえば病院やリハビリテーション施設などにおけると同様な運用によって、非行を犯した者を治療・改善施設に収容したり、社会内で特別な改善処遇に付したりするという構想である。

しかし、この点についても問題は多い。まず第一に、非行者は必ずしも精神に障害のある者に限らないだろうから、これを純粋に予防的処分と考えると、予防の措置をとる必要のほとんどない者については報復感情の宥和ができなくなり、逆にこの処分にその種の機能を併せ持たせると、それは名前の違う刑罰になってしまう。実体が刑罰であれば、刑法は非行者の権利保護のために必要である。

第二に、刑法なしに処分の存在だけを認めると、再犯の可能性の予測をしてその可能性がなくなったと判断されたとき退院を許すこととなるが、そこに対象者の権利侵害の余地がしのびこんでこないだろうか。いかなる社会においても、性格異常などにより周囲に甚大な迷惑をまき散らす者はなくならないから、そしてそのような性格異常そのものの改善は、かなり遠い将来においても相当困難と思われるから、そのような者の場合、近隣の者の強い要求を受けてかなりの長期間、場合によっては一生、施設での生活を送らねばならないような事態が予測される。

このように刑罰に代えて処分をもってする方法にも、刑法が存在しない以上問題が感ぜられる。

第四節　一応のまとめ

以上、マルクス主義による刑法観に対し、やや批判的な意見を述べたが、マルクス主義自体の学問的意義を看過しているつもりはない。資本主義的生産様式のもとにおける労働者の搾取の構造を明らかにする方法として、生産関係という下部構造が人間の意識や法や国家などの上部構造を規定するという唯物史観の立場を説いた学問的意義は高く評価しなければならない。人間の歴史にそのような側面のあることは、誰も否定できないだろう。人間の歴史が階級闘争の歴史であること、わが国の属する、国家独占資本主義段階のもとにおける国家がブルジョアジーの支配の機構であることも、そのような側面のあることはこれを否定することができない。そのような構造を明らかにしたのは、マルクス主義の功績といわねばならない。

しかし、マルクス主義によれば、刑法の根底にあるものの探求は、それぞれの時代における生産関係の分析でもって終点に到達することとなろう。だが、生産関係の構造を超えたところから派生する人間の非行や、それを放置しておいてもらいたくないと思う人間の欲求——実はそれが刑法を作り出す——は、いったいどこに位置づけられるのだろうか。それらが資本主義社会の崩壊とともに消え去るとはどうしても思えないのである。法の死滅の理論を、私は信ずることができない。そうである以上、刑法の根底にあるものの探求は、生産関係の構造分析で終わるわけにはいかないのである。

そのような立場からもう一度ふり返ってみると、現在の日本の法秩序をも含めて、およそ資本主義社会における法秩序がブルジョア階級の支配の道具であることは、一つの側面としては認められるけれども、そのすべてではないように思われる。ブルジョア階級の支配とは関係のない法規範は数多く存在するし、支配に寄与する法規範の存在は認めるとしても、それはそのような機能を営むにしかすぎないと考えられる。さらに、下部構造が上部構造を決定するということは賛同しうるとしても、上部構造が逆に下部構造に働きかける側面のあることも無視することはできない。その中には、下から上へ働く力の反作用であるものも存在するが、とうていそれだけであるとは思われない。このような、上から下への働きかけの存在をいったいどのように考えたらよいのだろうか。上から下への働きかけを人間の歴史の原動力とみる唯心論の立場によれば、この点は解明される。しかし、それでは下から上への働きかけを説明することができない。現代の思想のもとでは、そこの説明のできない理論は思想として成り立ちえないだろう。いったいどのように考えたらよいのだろうか。

解決の鍵は、いったい人間はどうしてそれぞれの時代にそれぞれの形式における生産関係を作り出すのか、その根源を探ることである。なぜ人間は中世には農業生産を中心とする経済機構を作り出し、その上に封建的身分制社会を築き上げて、良きにつけ悪しきにつけその中に身を縛りつけたのだろうか。なぜ人間は中世の半ば以降に織物業などを中心とする素朴な資本主義的生産様式を考え出したのだろうか。そして現在、なぜ人間は原子力というような途方もない動力を用いてまでより便利な生活を作り出そうとしているのだろうか。それをつきつめて考えてみると、そこには生物としての人間の欲望とか欲求というものの必然的な論理法則が感じられてくる。まず生物としての人間があって、種族維持の本能を中核とする様々な欲望が、それぞれの社会の発展段階に応じてそれぞれの生産関係を作り上げる。生産関係は、一旦でき上ると法則的な拘束力を人間の意識にも、また人間の作り出す様々の機構にも及ぼし、時として当初予定していないような魔的な力を発揮することさえある。それは、たしかに超個人的な社会法則のなせるわざかもしれない。しかし一定の生産関係がある発展段階まで達し、その間に生じた様々の矛盾が、それぞれの段階で部分的には解消されつつ全体的には徐々に膨張して耐えがたい程度に達すると、人間は何らかの形でその生産関係を変更し、次の時代に入ることとなる。このような人間の発展過程には、たしかに一定の社会法則が働いているとみられるが、社会法則の中核には、人間の欲求があるとみなければならない。社会の論理法則は、それぞれの時代の社会の形態に応じた、人間の欲求の法則とみることもできる。

生産関係の根底に人間の欲求を認めることは、決してマルクス主義もまた否定はしないだろう。マルクス主義はただ、社会法則こそが問題であって、それをいっても意味がないと考えるにすぎないと思う。しかし、生産関係の根底、さらには生産関係を変更させる階級闘争の根底にさえ人間の欲求をみることは、下部構造から上部構造への一方通行だけでなくその逆もありうるとすることの説明に必要不可欠であると思う。それはどういうことか。

人間には所有欲があるから、他人の物を盗む窃盗という行為が中々無くならない。同時に自分の物を盗まれては困るという感情も無くならない。所有欲から、一方において窃盗という犯罪、他方において窃盗を処罰する刑法が生まれてくるのである。そして所有欲は、人間社会のある発展段階では必然的に私有財産制度を作り出し、その制度のもとで人間はますます所有欲の自由な展開に習熟するに至る。しかし私有財産制度がそれ自体の持つ長所にもかかわらず他の諸制度との関係で短所があると考えられ、社会主義的所有の確立が推進されると、窃盗という行為は無くなりはしないが、かなりの程度に減少することとなろう。窃盗行為も、窃盗の処罰規定も、私有財産制度も、社会主義的所有の確立も、すべて、人間の物の所有に関する欲求の、それぞれの時代の社会の形態に応じた発現形態とみることができるだろう。

これに反して、暴行・脅迫を用いて女性を犯す強姦罪は、性に関する人間の欲求の一つの発現形態である。逆に、強姦をけしからぬものと思い、困ったものと思う人間の感情も、同じ欲求の別な発現形態である。だから、大部分の国家では強姦罪を処罰する規定が設けられている。もっとも、強姦行為の頻度も社会構造によって多少は異なってくることとなろう。極端な飢えと寒さを強いられる社会とか、規律の厳しい軍国主義的な国家では、強姦は少なくなる。逆に、性の解放が進み性欲の処理が自由化した社会でも、強姦は減るだろう。しかし、社会主義国家が樹立された場合、強姦がほとんど無視してもよいように減るという論理的必然性はない。それは、生産関係の形態とは関係がないのである。

このように考えることは、しかし、マルクス主義を真向うから否定することにはならないだろう。マルクス主義は、本来、搾取の対象としての労働者階級の解放という実践的目的をもった学問体系だから、下部構造が上部構造を規定するという側面をとりわけ強調し、したがって法の階級性や法の死滅の理論を説くこととなるのである。そのような側面のあることは否定できない。そのような側面の存在を肯定しつつなお生産関係以外のものを刑法の根底におくためには、共通分母を拡げなくてはならない。その共通分母は、一方において一定の生産関係を作り出し、その法則的な拘束力の果てに刑法をして階級的な本質を持たせるとともに、他方において直接超階級的な性格を持つ刑罰規定を作り出すものでなければならない。そのようなものがあるとすれば、それは「人間の欲求」以外には考えられないであろう。そこで、刑法の根底にあるものを求める本書の探求は、ここに至ってさらにもう一歩深みに立ち入らねばならないこととなった。

第五章　法・政治・経済の根底にある人間の欲求

第一節　人間の欲求

一　これまで、刑法の根底にあるものを、表層から順次低層へとたずねてここまで来た。人間の存在のあり方が人間の意識を決定し、人間の社会経済組織が国家や法などの上部構造を形造るというマルクス主義の主張も、ある程度までは承認できるように思われた。問題は、この逆の方向の流れを認めるかどうか、どの程度の重さで認めるかということである。マルクス主義者も、これをまったく否定しているのではないようである。ただ前者の方向が決定的かつ本質的であり、後者の方向も結局は前者の方向の流れの一つの表現にすぎず、それ自体の独立した運動法則に立脚したものではないとみているように思われる。たしかにここに別個の運動法則を認めると、唯物史観は根底から崩壊してしまうであろう。マルクス主義としては絶対に譲れない一線であろうと思う。

しかし、政治や経済は人間が社会生活を営むための制度である。それの存在の目的は人間のためであり、それを動かすのも人間である。またそれに理念を与えるのも人間である。もっとも、人間の作った制度が、本来の目的を越えて一人歩きし、魔物のように人間の意志を超える力を発揮し、人間がそれに拘束されたり影響されたりするという側面のあることも無視できない。しかし、その場合でも、その範囲内で人間は有意的に行為しているのだし、さらにひるがえって一人歩きしている制度そのものの軌道修正、あるいは撤廃などをも同時に有意的に行なっているのである。一定の社会関係が独立した法則的運動を起こしているようにみえる場合でも、それが実は人間の欲望の法則的運動であることを忘れてはならない。ただ一定の社会関係と上部構造との間の社会科学的関係が問題となるのだから、それを人間の欲求に結びつけたところで意味をなさないという見方もありうるであろう。私も、右の意味の関係を重視することに異存はない。ただ、これを欲求の運動法則の発現とみることは、前述した逆の方向の流れ、つまり意識が存在を決定する場合が決して無法則でもなければ、社会関係の法則的発現の反射的効果でもないのだということを明らかにするのに必要であり、実はこのような見方が、事態の全的解明に必要であると考えるのである。

二　欲求(1)には基本的欲求と二次的欲求とがある。基本的欲求とは、たとえば幼児にあらわれるそれのように、生物学的、生得的な欲求をいう。成人でも一定の状態にあるとき、または一定の環境におかれたときに誰にでも共通に発生するようなものは、右と同じ基本的欲求である。食欲、性欲、睡眠欲などがそれの代表である。しかし、人間は、成長するにしたがい環境との交渉によって学習される新しい欲求を作り出していく。このような欲求を二次的欲求といい、人間の場合他の動物にくらべてその欲求の態様が圧倒的に多い。

近代の心理学が努力を傾けたのは、二次的欲求が基本的欲求からどのような過程で派生するかということであった。周知のように、フロイト（一八五六―一九三九年）はあらゆる人間の行動は二つの基本的動機、つまり性的動機と攻撃的動機から派生するのであり、とくに性欲は人間行動に対し強力な動機力をなすとする。すなわち、人間の性的動機づけは幼児期のごく初期からそれぞれの年代に応じた形で発達してくるものであるが、それぞれの年代の性的動機づけが種々の社会的制約によって行動への自由な発現を抑圧されると、それは無意識の動機となる。そしてこの無意識の動機は、それが目ざす本来の目的からはなれ、社会的により受け入れられやすい行動へと曲げられていく。それが社会的に価値が高い場合にはこれを昇華という（古沢平作訳・フロイト・精神分析学入門〈フロイト選集一四巻〉〈昭和三三年〉三一八頁以下参照）。

このようなフロイトの見解、その精神分析学は心理学や周辺科学に対し非常に強い影響を与えたが、基本的欲求から二次的欲求が派生していく過程については、必ずしも実験的に証明されたものではなかったし、また人間の精神的生長をつねに過去からのみ説明してしまい、人間が主体的に生きていく世界を十分にとらえていない点、あるいは人間の発達をあまりにも性的衝動の展開に限定しすぎている点などが批判されるにいたった。そこでフロイトの系譜をひくホルネイ、サリヴァン、フロムなどのいわゆる新フロイト学派の人たちは、フロイトが生物学的立場を強調したのに対して、人格発達に対する社会的文化的要素の影響を重視しつつ精神分析学を発達させたが、逆に人間の生物学的特質を軽視したとか、人間が社会的性格を獲得していく学習過程を無視しているとか、あるいは人間の概念をあまりに理想的に扱いすぎているなどの批判が提起されたとされている（平尾靖・意志の心理学〈昭和五一年〉五九頁以下）。

さて、基本的欲求から二次的欲求が派生していく過程についての研究は、その後、動機づけの理論とか学習理論などの助けをかりてさらに発展されることになった。動機づけの自律性という概念を説き、人間の持つ動機は少数だが、それらの動機を満足させるような行動はその動機が満足された後にも原因となっている動機から独立し、それ自体が自己充足的な力動性を持つとしたオルポート、学習性動因という概念を認め、恐怖が動因となって、恐怖を低減させる手段となる反応が学習されるという理論を樹てたミラー、学習性報酬という概念を示して、たとえば金銭自身は基礎的欲求を満足させるものではないが、金銭は多くの基礎的欲求を満足させることができるため高い価値を持つことが学習によって知られることを実験によって明らかにしたヴォルフ、カウルスなどの見解が著名である（八木晃編・心理学II〈昭和四三年〉二七頁以下、吉田＝祐宗編・心理学

3〈有斐閣双書〉〈昭和五一年〉四一頁以下参照。なお、二〇世紀の心理学上の諸説を網羅、集大成した大規模な文献として、Die Psychologie des 20. Jahrhunderts, I.～XV., 1976～〈現在VIIIまで刊行済・一九七九年〉がある)。しかし、現在のところ一次的欲求から二次的欲求が形成されていく機序がくまなく解明されたとはいえないようであって、それは全体としてはまだ仮設の段階にあるように思われる。そうである以上、生得的な一次的欲求と後天的に学習によって習得される二次的欲求とは併列して存在するものと解するほかはあるまい。それはそれでいいだろう。欲求の存在自体が学問的に否定されるわけではないからである。しかし、それにしても欲求とは何だろうか。

(1) 心理学上は「欲求」という言葉がよく使われるが、世俗的な用語としての「欲望」とはどこが違うか。これは心理学上必ずしも一定した解釈ではないようであるが、戸川教授によれば、「欲求」とは後述するように先行経験にもとづき快を追求するものであり、これに反して過去にも現在にもなく将来に期待される未知の快を追求するものを「願望」といい、欲求と願望を併せて「欲望」というとされる（戸川行男・意志〈昭和三八年〉七〇頁）。したがって、本書も本来は刑法の根底にあるものを「欲望」としてとらえるべきところであるが、心理学上の分析がほとんど欲求に集中しているので、そのような留保の上で「欲求」の語を用いることにしたい。

三

欲求[1]とは「特定の条件を具備した先行経験」であると定義しつつ、なぜこのような過去の事柄が、どのように現在の生活活動を規定しうるのかを追究したのは戸川教授であった。戸川教授は、われわれの持つ幾多の行動経験から出発される。すべての出来事は何らかの影響を後の出来事に及ぼすからである。行動は多くの場合認知を伴う。認知は行動それ自身とともに、行動がそこに成立する場を対象としたものである。そのような条件のもとでそのような行動をしたという認知を伴って記憶されているのが、行動経験である。ところで、行動は何の成果もなしに終わることも多いが、何らかの成果をもたらす場合も多い。そしてその多くは、「よさ」か「悪さ」かのいずれかに分けられる成果をもたらす。いま前者を報酬経験、後者を禁止経験と呼ぶならば、多くの行動が報酬経験か禁止経験かのいずれかを招来することとなる。そのうち、報酬経験の後続する行動経験が、欲求である。

人間の場合、その個体に対して「よき」成果をもたらした経験は反覆される。先行経験は、これこれの場でこれこれの行動をしたらこれこれの有効な成果があったという経験であるが、これは、これこれの場でもしもこれこれの行動を行なったならばこれこれの有効な成果があるだろうとの「予想」の基礎となる。そこで、人間は、報酬経験を伴う先行経験があると、それの観念はのちに特定の解発条件をまって解発されることによって現実態の観念系列（予想）となり、生活活動をこの観念系列に合致するよう規定する。いいかえれば、先行経験が反復されるように生活活動が行なわれるわけである。この場合に生活活動を、以前のよき結果を生じた経験の観念に合致させる機制を、「快原則」と呼ぶ。したがって、報酬経験とは、それを含む一連の経験に対して快原則が働くそのような経験を指すこととなるわけである。

このような欲求は、それ自体ではあるときある個人に起こった出来事にすぎない。しかし、それが欲求としての役割、つまりよき成果をもたらした先行活動の手本を後続活動に与えるという役割を果たすためには、先行経験が観念として解発され、かつそこに成立した目的的行動の行動体制に含まれなければならない。目的的行動体制は欲求の観念を含むものであるが、逆に観念が解発しただけでは目的的行動は成立しない。そのためには、まず第一に、その欲求が、現在なされつつある他の行動を禁止してそれに代わりうるだけの強度性を持たなければならない。欲求が優位性によって他の欲求を抑制することが必要である。第二に、欲求の観念が解発されても、先行経験の観念に合致しうる行動を成立させるための場の条件が具備されていなければならない。たとえば暑さのために、かつて泳いだときの涼味の観念を解発させたとしても、水がなければ泳ぐことはできない。第三に、欲求に動機づけられた生活活動それ自身に障害があり、その活動が阻止されれば、新しい目的的行動は成立しない。水があり、泳ぐ条件はととのっていたとしても、足に怪我をしていて泳げなければ泳ぐという行為は成立しない。

以上は欲求が解発されても目的的行動に至りえない条件であるが、意欲の解発条件は、（１）欲求を構成する諸経験の成立条件と近似した条件の成立、（２）欲求を構成する諸経験が何らかの身体的経験を含む場合には、これの成立条件と近似した条件の成立、（３）欲求を構成する諸経験が何らかの観念的経験内容をその欲求に不可欠なものとして含む場合には、それに対応する経験の成立条件と近似した条件の成立、（4）欲求の優位、（5）当の欲求の観念の解発条件となりうるごとき他の現実態の観念の存在、（6）観念解発に対する抑制条件の解除、であるという（戸川行男・適応と欲求〈昭和三一年〉一二九頁以下）。

ところで、このような「欲求」と、「意志」とか「動機」とかとはどのような関係に立つのだろうか。食事をするという行動を例にとって考えてみると、たしかに空腹になったときだけ食事をするとはかぎらないが、空腹でないのに食事をする場合にはそれ相応の理由があり、その理由は心理学的な構造としては空腹と同じなので、空腹を覚えたので食事をした、という典型的な例に沿って説明してみよう。この場合、もっとも行動に近いのは「意志」であって、「今、何を食べよう」という考えがこれである。しかし、この意志が生ずるためには、何らかの「動機」ないし「動因」がなければならない。この場合の動機は、明らかに空腹という状態である。空腹の状態でなくても、お昼になったとか、食事を出されたとかの状態も動機ないし動因になりうるのであって、その点で構造的な違いがないことは先にも述べた。ところで、空腹というのは主観的な体験であるが、生理的には食物制限による身体内の有機的な欠乏状態ないし不均衡状態を意味するのであって、これを有機的な要求と呼ぶことがある（八木冕編・心理学Ⅱ三頁）。このような生理的な要求は、しかし必ずしも動機としての空腹感とは一致しないので、動機にはある程度主観的目的論的な意味合いが含まれているといえよう。

このように、意志が生ずるには動機が必要であるが、動機があるだけでただちに意志が生ずるわけではない。そこに必要となるのが「欲求」である。食事への欲求は一時的欲求だから、別に学習によって習得されるわけではないが、「何を食べたいか」ということになると、先行経験の積み重ねによる二次的欲求が媒介しなければならないこととなろう。このようにして、「何を食べたい」という欲求が起こってはじめて、それにもとづいて「何を食べよう」という意志が生ずるのである。もっとも、空腹という動機から「何を食べたい」という欲求が起こっても、たとえばそれが山の中で弁当を身につけていなかったとすれば、そこには欲求不満が残るだけで「何を食べよう」という意志は生じないし、したがって行動も生起しない。弁当を持っているとか、近くにレストランがあるとかという、欲求を満たしうる場（誘引）が提供されていてはじめてそこに意志と行動とが生じうるのである。

このように、行動の発端には意志があり、その奥には欲求がある。もちろん欲求の奥には動機があり、その奥にはさらに生理的欲求といったものが横たわっていることがあるが、前述のように欲求は生理的なものから直接派生するとは限らず、生理的なものに基礎をおくとしても、長年にわたり多彩な快経験を経るうちに文化的内容のものに転化していることが多い。したがって、人間の行動をすべて生理的な要因の論理法則によって説明することはできず、行動の論理法則の発端を求めるならば、やはりこの「欲求」ないし「欲望」に行きつくと考えるのが適当である。

（1）　戸川教授によれば、欲求には八つの種類があるとされる。第一類は「生活欲求」と呼ばれるもので、種々の内容のものがあり、飲食、睡眠、休息など肉体に密着した欲求、遊びやスポーツなど身体的活動の欲求、読書、唱歌など精神的知的活動の欲求などがこれに含まれる。ここでは、快経験が一般に「快感」という言葉にふさわしいものであること、対人関係、社会関係があまり見出されないことが特徴をなすという。第二類は「愛情欲求」であって、保育、養育、保護、育成など、対人関係における好意的親和的欲求が特色をなしている。第三類は「攻撃欲求」であって、人、物、あるいは場合によっては自分自身に対する攻撃、破壊の行動への欲求がこれに含まれる。第四類は「自我欲求」であって、自己を優秀にする欲求、権勢欲、支配欲などがこれに属する。第五類は「適応の欲求」であって、世の中の諸規則、諸規範に従う欲求を意味する。文化的行動様式の取り入れなどもこの欲求にもとづくという。第六類は「勤労の欲求」であって、仕事とか勉学など、何らかの目的をめざして与えられたタスクをやり遂げる欲求がこれに入る。第七類は「問題解決欲求」であって、単に頭の中だけで考える思考の欲求ばかりでなく、パズルのように手を動かしながら考える場合も含まれる。最後に第八類は「回避欲求」であって、これまで述べた諸欲求がいわば求める欲求であるのに対し、苦痛や不快から逃げたりそれを避けたいという欲求である。この場合の快経験は、苦痛や不快から逃れたという消極的な意味での快であって、この点に他と異なる特色がみられる。

さて、このように欲求にはいろいろな種類があるが、これらは相互に関係し合っているのであって、そのうちとくに重要なのは「目的・手段関係」である。たとえば何かを買いたいためにお金がほしいという生活欲求が出て来た場合、お金をもうけるために働こうという欲求が出てくれれば、それは勤労欲求であり、他人から盗もうというのであれば、それは攻撃欲求であり、お小遣いを沢山もらうために父親のいいつけに従おうという場合は、それは「適応欲求」である。このように、諸欲求群は目的・手段の関係に立つが、それらはすべて体系をなしているのであって、ある欲求を達成するためにどのような欲求を手段とするかというようなことから、その人その人の人格の特徴が判断できるという（戸川行男・意志〈昭和三八年〉八一頁以下）。

第二節　刑法制定への人間の欲求

一　人間の生活体、人間の行動が、大部分このような欲求にもとづいているとすれば、すべての法現象は人間の行動にかかわるものだから、法現象の根底には人間の欲求が横たわっていることになる。

このことを、まず刑法の制定にもっとも近い立場にある刑法制定権力の保有者についてみると、衆参両院議員の賛否の行動にも、また立案当局者の立案作業にも特定の欲求が働いていることは明らかである。この場合の欲求は、行動しようとする意志・意欲を意味するのではない。欲求は、行動によって充たさるべき内面的要求である。したがって、立法・立案当局者の欲求としてもっとも正当なものは、法案の内容となる法律関係に直接反応する欲求であって、この種の犯人あるいはこの種の被害者には、このような法律による処罰あるいは保護が必要だという法的確信のみにもとづく欲求である。しかし、それ以外の要因にもとづく欲求の働く余地のあることは否定できない。たとえば議員についてみると、法的確信上はこの法律は必要でないばかりかむしろ有害であると考えられるのに、所属する政党の基本方針が法案賛成ということであった場合、当該議員の頭の中には葛藤が生じ、この際は党の方針に従ったほうが今後の自分の政治生命を維持するためによいと考えたとすれば、そちらのほうに快原則が働き、欲求が優越したことになる。また、法律が制定された場合に有利になる者から政治献金や、賄賂を貰って単純に法案に賛成したというような事態があったとすれば、金銭・物品等から得られる種々の生活体験の予想が欲求を決定するという、政治家にあるまじき態度をとったことになる。

このような刑法制定権力の直接の行使に対しては、それを促す、あるいはそれを阻止しようとする各種の行動が影響力を持つことがある。前述のような政治献金や賄賂を供与することによって影響力を与えようとする者は、法律ができることあるいはできないことによる自己あるいは自己の所属する団体の利益、たとえば利潤追求がより容易になるとか、利潤追求の自由が制限されなくてすむとかの利益を得るという欲求を下劣な仕方で充たそうとするものにほかならない。また陳情やデモや決起集会などの行動は、すでに生じている被害をこれ以上拡散させないことによって国民・住民の利益を保護しようとか、法案によって意図されている基本的権利の制限を防ぐことによって、言論・表現の自由を確保し、ひいて日本の将来を誤らせないようにしようとかの動機から生じたものであるが、その場合、一見して自分自身は何らの利益も受けないかにみえて、実はそこに、やはり一種の快原則が働いているのをみることができる。

さらに、このような刑法制定を肯定ないし否定しようとする政治行動が生じた誘因には、必ず、一定の非行がかなりの規模で行なわれ、ある立場からは法律を制定してこれを処罰しなければならぬという必要性を感ずるような事態が生じているはずである。この、立案の誘因となった非行もまた、何らかの欲求にもとづく行動にほかならない。しかし、この点についてはのちにあらためて考察することにしよう。

二　刑法制定権力が行使されるという事態は、国家が刑罰法規制定の必要を認めてその国家意思を発動させたことを意味する。この国家意思の発動に対し、つねにその背後に支配階級の意思を認め、さらにその背景に当時の社会経済組織のあり方、とくに生産力と生産関係との矛盾をみようとしたのがマルクス主義であったことは、上述したとおりである。マルクス主義によれば、人間の意識が人間の存在のあり方を決定するのではなく、逆に人間の存在のあり方が意識を決定するというのであるから、人間の欲求も、社会経済組織という下部構造によって規定されることになる。欲求は経済に従属し、刑法の根底にあるものという観点からみた場合、経済よりむしろ表層に近いところに位置することになる。

しかし、マルクス主義といえども、発生論的には人間が先にあり、したがって欲求があり、その上に経済組織が形成されたことは認めざるをえない。元来人間は所有欲を持ち、そこから人間は経済的に裕福であろうとする。そのような基本的欲求が、人間のそれぞれの発展段階に応じてそれぞれの生産関係を形成・発展させ、ひいて階級的利益の追求のために刑法を含む法を制定するのだという図式は、決して否定することができないだろう。資本主義そのものも、このような人間の基本的欲求の産物にほかならない。ただマルクス主義においては、前述のようにそれをいうことは社会科学的に意味をなさないからいわないだけ、ということだと思う。しかし、はたして社会科学的に意味をなさないかどうかは問題である。第一に考えてみたいのは、現在支配階級の中軸をなす大企業にとって不利な刑罰法規も制定されるということである。法が支配階級の支配の道具であり、ブルジョアジーの階級的利害の発現であるという考えを徹底するならば、そのような法律は設けられないだろう。もっとも、この点に関しては、マルクス主義の立場からも解答は用意されている。階級的利害という中には、資本主義そのものの擁護も含まれているから、あまりにあからさまに階級的利益のみを追求すると資本主義が崩壊するおそれのある場合には、崩壊しない限度まで利益追求を抑制するというのが、やはり一種の資本の運動法則だという解答がこれである。だから、現に、そのような法律はしぶしぶ作られるし、しかも出来たものには抜け穴が多いという指摘もある。ある見方からはまさにその通りだろう。実践的には、このような観点をもって立法を見守ることがぜひ必要だと思う。しかし、ひるがえって考えてみると、階級的利益の追求を自己抑制する場合というのは、結局、自己抑制しないと労働者すなわち大多数の国民の利益を著しく損うこととなり、その損う程度が、そのような国民をして資本主義の排撃に立ち上がらせるおそれのある場合を意味することとなろう。つまり、ここでは資本家の欲求だけでなく、労働者＝国民の欲求が考慮の対象とされた上で両者の比較衡量が行なわれ、その結果、後者に優越が認められたわけである。この場合の労働者＝国民の欲求が資本の運動法則の範囲内にあったかどうかは、ここではあまり意味をなさない。なぜなら、欲求はつねに一定の場の認知を前提とし、その場がイデオロギー的性格を持つかどうかは問題でないからである。つまり、一定の場を前提とした国民の欲求が刑法制定に拘束的影響を与えたという事実はどうしても否定しがたい。

このことは、第二に、国家権力の維持・強化に奉仕する法案に対する労働者＝国民の側の反対運動についてもいえる。およそ政治運動には、天の時、地の利、人の和が事の成行を左右するというような法則性が支配することがあるし、戦略、戦術、指導力、統率力、説得力といった技術的な要素が事の成否を決定することも多い。これは、できるだけ多くの人の欲求を反対運動に結集しうるかどうかの問題である。ここでも、資本家の欲求と労働者＝国民一般の欲求とが激突し、その比較衡量において法案が成立するか廃案になるかが決まってくる。まさか作戦に失敗したことまでが必然的な現象だというわけではあるまい。そうすると、欲求は、資本の運動法則の範囲内であっても必ずしも経済構造にとらわれるものではなく、経済構造は、欲求の生ずる一般の場の一種として考えうるし、考えねばならないように思われる。

第三に、これは法の階級性との関係で前に述べたことだが、なるほど法全体としてみる場合階級性を認めることができるとしても、個々の法規範を細かく説明する場合に、階級的性格のそれ自体に含まれていない規定について立法者の欲求を支配階級の欲求にかかわらせることは困難である。その場合の立法者の欲求、あるいはその基礎となったところの、被害者の周辺にある者の欲求は、経済構造とは関係ないものとして説かなければならない。

このような意味で、本書は、刑法制定を促す諸要素の根底に、やはり人間の欲求をおきたいと思う。

三　もともと刑罰法規が必要とされるのは、他人の利益を害する人間の行為があるからである。社会現象としてこのような非行がなければ、刑罰法規が制定されることはない。ところで、犯人に他人の利益を害そうとする欲求の生ずるのは、その利益侵害あるいは利益の享受が犯人にとって快原則に合致するからであるが、そのことは、同時に、利益の保有者についてもいえる。利益が保有者に帰属しているということは、その利益の享受が保有者にとって快原則に合致するからである。したがって、他人の利益を侵す者のある場合、利益の保有者は自己の利益の存続について不安を覚え、その利益を国家的に保護してもらいたいという欲求を持つ。このような利益保護への欲求が一定の規模に達すると、国家としても当該利益の保護の必要を感じ、刑法制定へと動機づけられるわけである。

このような関係は、とくに個人の法益に対する犯罪の場合にもっとも明瞭にみられる。生命・身体・自由・名誉・貞操などは、その利益自体を他人から奪ってみずから享受することはできないが、犯人の側からみれば、これらの利益を保有者から奪うことが快原則に合致するし、保有者からみれば、利益を奪われることが快原則に反するわけである。これに対し、財産は他人から奪って他人が享受していたのと同じような仕方で享受することが可能であり、快原則は、生命・身体などの場合のように奪うことそのものにあるのではなく、その財産を享受することについて考えられる。窃盗・強盗・詐欺・恐喝・横領、図利目的の背任などは、多くこのような類型に属する。もっとも、財産犯の場合にも、たとえば器物損壊・隠匿とか、加害目的による背任などにあっては、性格は生命・身体などに対する場合と似ているといえよう。しかし、財産犯の基本的性格が前者にあるとすれば、財産犯に関する刑法の規定は、所有欲を充たそうとする犯人と、同じく所有欲を充たそうとする財産保有者との利害の衝突から生まれた規定だということができよう。犯すほうも、犯させまいとするほうも、双方ともその動機が財産に対する所有欲にもとづいているところがおもしろい。

これが公共の法益に対する罪になってくると、その関係が多少不明瞭になってくる。たとえばわいせつ文書頒布罪に例をとってみると、頒布をするほうの側の欲求は、これによって金銭的な利益を得ることであったり、自己の芸術的表現を他人に見てもらいたいとか、社会の風俗革新の尖兵になりたいというような無形的利益を追求することであったり、いろいろであろうが、いずれにせよ、他人の性的羞恥心とか、性欲の自由な発展可能性とかの利益を侵すことが快原則に合致するものではない。また、わいせつ文書が出まわることによって逆によろこぶ者のあることも無視できない。ここから、わいせつ文書頒布罪の規定を廃止せよとか、制限せよとかの意見も出てくるわけであるが、そしてその点についてはまたのちにふれることとするが、生命、身体などに対する罪とはかなり性格が異なることだけは事実である。ただ、そのような文書を見たくもないのに見せつけられる者の性的羞恥心は守らなければいけないし、そのような物を見なければ正常に性的発育がとげられたであろうに、そのような物を見たため性欲が倒錯しはじめたというようなことのないように、幼少年の自由な性的発育可能性という利益は保護しなければならない。

このように、公共の法益とはいっても、刑法は国民の利益保護のために存在すべきだと考える以上、できるだけこれを個人の法益に還元させて考えるべきである。そうではなく、もしここで公の性的道義とか性的秩序とかを直接法益とすると、処罰の範囲は拡がりすぎる傾向となる。この点からみて、現行刑法には問題となる犯罪類型があるが、この点については別の考察に譲ることとしよう。

国家的法益についても、できるだけ個人の利益に還元させて考えるべきであり、それは可能であると思う。たとえば内乱罪（刑法七七条）は、たしかに支配階級の利益保護という側面があるが、他面、これがないとどのような世界観を持つ勢力が現在の政治組織を実力で破壊しないともかぎらない。どのような基本的政治組織になるかということについては、国民は利害関係を持つのであって、政権の交替は、将来どのような政治が行なわれるかという予測を前提にしたものでなければならない。したがって、内乱罪の規定についても、国民一般の欲求を考え、そのような欲求の上に立つ国民の利益が守られていると考えなければならない。このことは、国の行政権、司法権に対する罪についてもいうことができる。

ところで、国家的法益に対する罪の場合、これを犯すところの欲求は種々様々である。内乱罪の場合には、政権そのものが争奪の対象となっているのだから、得ようとするほうも守ろうとするほうも、政権の担う種々の利益が欲求の対象となっている。その意味では、財産犯と類似した性格を見ることができよう。これに反して、逃走、犯人蔵匿、証憑湮滅などの場合には、自己または他人を国の司法権の干渉から免れることによって得られる利益が欲求の対象であり、国の司法権を害することそのものに意義が認められているわけではない。その意味では、わいせつ文書頒布罪など社会の法益に対する罪に性格が似ている。

四　このように、人間には自己の享受している利益を保護してもらいたいという欲求があり、これが国家存立の基礎にもなり、ひいて刑法制定の原動力となることは、以上にみたとおりである。しかし、刑法制定への欲求は、単に利益保護への欲求だけから生まれてくるわけではない。一定の非行があった場合、犯人に復讐したいという欲求が生じ、私的復讐が禁止されている現代ではこれが犯人の処罰への欲求、国家刑罰権行使への欲求、したがって刑法の制定への欲求という形をとることに注意しなければならない。

他人から害を加えられた場合、被害者やその家族、友人などが犯人に対してなぜはげしい怒りを感じ、放置しておくと復讐などの行動に出るのかは、必ずしも明らかにされていない。おそらくは自己保存本能にもとづく原状回復への欲求が、それができない場合行き場を失ってこのような応報感情となって現われるのだろう。このような応報感情とか復讐というものは将来に向かって社会生活を向上させるという合理的なところがないので、野蛮なものと考えられているが、人間はいかに向上しても人間である以上このような欲求を捨て去ることはあるまい。捨て切れない以上、国家は復讐による被害の拡大を防ぐためにも復讐を禁止し、その代償として、少なくとも被害者やこれに近しい人の応報感情を満足ないし宥和させるための措置をとらなければならない。これが刑罰という制度の存立の根拠の一つとなっている。

そこで、刑法の制定にあたっては、このような犯人処罰への欲求が原動力として働くこととなる。ある新しい種類の非行ないし利益の侵害・危害行為が生まれてきた場合、これに対して刑罰を科すことにするかどうか、刑罰を科すこととして、どのような種類の刑罰をどの程度科すことにするかを決める場合、このような欲求への考慮を無視することはできない。

五　もっとも、ここに注意しなければならないのは、国民の個人個人の欲求が刑法の制定に直結するわけではないということである。このことは、まず第一に、もしそう考えないと、国民の中にもいろいろな欲求を持つ人がいて、どの人の欲求を刑法に表現したらよいのかがわからなくなる、ということからも理解できるだろう。また、第二に、刑法を制定すべきか、どのような刑法を制定すべきかを決定するには、高度な法律学的知識と精微な政策的配慮が必要であって、国民個人の赤裸々な欲求にはこのような前提に欠けるものがあることをも考えないわけにはいかない。そこで、刑法制定を奥底のほうで動かすのが国民個人個人の欲求であることは認めつつ、立法者が立法にあたって考慮すべき人間の欲求をそれと異なったものとして構成する道を考える必要が生じてくる。それはいったい何だろうか。

ある非行が個人の利益を害するものであるとき、これに対してまず反応するのは、被害者およびその親族、友人など被害者と近しい関係にある者である。その反応は、当初は犯人に対する憎悪の感情であろうが、はげしい復讐の念を伴うこともないではないだろう。しかし日が経てば、もしその非行に対し何等法的措置がとられない場合、このような非行を放置しておいてよいのだろうかという感情が湧いていくる。それは、刑罰法規制定による犯人処罰への欲求の素朴なあらわれとみてよいであろう。それがそのままになることもあれば、他の要因の影響を受けて大きくふくらんでいくこともありうる。

これに対し、当該非行に対する一般国民の反応は、必ずしも被害者等の場合と同じではない。もっとも、被害者に対し同情の念を抱いた場合には、これと類似した感情を抱き、類似した欲求につながっていくことはある。しかし、同情がない場合でも、一般国民には一般国民なりの反応が考えられる。それは、被害をわが身に想定した上での反応である。つまり、その反応は、犯された非行に対する反応ではなく、「明日はわが身」というように、将来それが自分自身に対して向けられたときを考えての反応である。その反応は、まさに国家に対し、この種の非行を取り締ってわが身にふりかからないようにしてもらいたい、という欲求を内容とすることとなる。この両者の形をとった個人の欲求が合体して、国民の総意と考えてよいぐらいに達したとき、そこに「国民の欲求」が考えられてくる。この国民の欲求というのは、もはや心理学的な概念ではないが、心理学的な概念である人間の欲求を基礎としながら社会科学的に構成したものであって、立法にあたっては、ぜひこのような観念を用いることが必要である。

刑法制定にあたって考慮しなければならないのは、国民の欲求である。刑法制定への国民の欲求が生じたとみられたとき、立法者は刑法を制定しなければならない。逆に、刑法制定への国民の欲求が存在しないにもかかわらず刑法を制定することは正しくない。このことは、前述のように、刑法は罪刑法定主義の建前から、国民の自主規制という形をとって国会で制定されるべきものとされているところからも導き出さなければならない結論であると思う。それではいったい、国民の欲求と個人の欲求とはどこが違うと考えるべきだろうか。また国民の欲求はどのようにして認定すべきものだろうか。

第三節　個人の欲求と国民の欲求

一　このように、刑法制定に比較的近いところにある原動力は、国民の欲求であるが、それは、そのもう一段奥にある人間の欲求から派生していて実はそれとは異なるものである。しかし、人間の赤裸々な欲求に不必要な修正を加えて抽象化することは適当でない。なぜなら、そのようなものは、結局「国家の欲求」になってしまうからである。そこで、国民の欲求の内容を追究するためには、まず、個人の欲求のうち、削り落してよい部分を明らかにしていく必要がある。

このような点から眺めてみると、国民個人の欲求の中に「民の声は神の声」といった、直観的な正しさが含まれていることは基本的には認められるし、また認めなければならないが、他面、国民の欲求の基礎となる国民個人の欲求の中には、ドロドロとしたものが沈澱していることも否定できない。そのようなもののもっとも大きな特色をなすと考えられるのは、片面的な見方ないし情緒的反応ということである。このことは、とくにむごい結果が発生するような犯罪の場合を考えてみれば推測しうるだろう。とくに被害者の周辺にある者は、結果のむごさにとらわれ、むしろ被害者より強く犯人に対する憎悪の念に駆りたてられ、必然的に、犯人に対する厳しい処罰を求めることとなる。そこでは、犯人が犯罪を犯すに至った事情とか、そのような処罰をすることと一般の意義とかをひるがえって考慮する余地がない。まして、捜査活動や裁判手続が被害者・被告人、いいかえれば国民一般の権利保護のために大変面倒な規制を受けていることを配慮する余裕はない。一面的に、犯人の早く厳しい処罰を求める方向に走るのである。

国民個人のこのような反応は、しかし、人間として本来当然のことであって、それ自体を非難すべきいわれはない。問題は、それをも基礎としつつ個人の欲求を国民の欲求に昇華させていく場合にこれをどのように処理すべきかである。情緒的な反応を合理的な欲求に導いていくためには、まずその反応の一面性を克服しなければならない。もしその人が、犯人の犯罪に至った動機を正確に知ったならば、そしてまた刑罰権の多用の恐しさを知ったならば、それに対してもそれぞれ情緒的な反応をし、それぞれ総合し差引きして、結局当初の激情的な反応を緩和させるに違いない。こうして観念的に修正された個人の欲求が、まさに国民の欲求である。

ところで個人の欲求の観念的な修正の過程で、一般国民が特殊な専門的知識を駆使しえたものとして扱うことは必ずしも必要でないと思われる。たとえば、一面的反応からすれば犯人は厳罰に処すべきだということになっても、刑事政策に関する専門的知識をもってすれば、そこに刑罰の予防効果などの刑事政策的配慮がなければならないことになる。そのような問題点のあることをも一般国民に示したことにして個人の欲求から国民の欲求を引き出すことも一つの方法であるが、それでは国民の欲求というのと国家の欲求というのとが重なり合ってしまう。形式的には両者は区別しなければならない。そうでないと、逆の場合、つまり国民の欲求がないのに国家の欲求のある場合にそれが基準になってしまうからである。そのように考えるならば、国民の欲求は、必ずしも専門的知識を必要とせず通常の知性と経験をもって判断しうる問題点のみを基準として形成すべきである。刑法学や刑事政策の専門的知識にもとづいて刑法制定の可否を決定するのは、国民の欲求をうけた国家機関のなすべきことである。

さて、今までの説明は、国民個人の欲求の一面性、情緒性ということを、残虐な結果の発生した非行に則して説明してきたが、それは決してそのような非行に限られるものではない。たとえば政治的動機で非行を行なった場合、国民一般は外面にあらわれた行為とか結果のみに着目し、動機に遡ることをしない。また、企業活動の結果として重大な結果が発生した場合、そのような会社はつぶしてしまえとか、会社の役員を全部厳罰に処せという反応はしても、会社の営業停止、閉鎖という刑罰を制定した場合、責任のない従業員に累が及ぶこととか、会社の役員は必ずしも常に、重大な結果を発生させた個々の行為の行なわれることを知っていたとはいえず、それにもかかわらず常にこれを厳罰に処するのは近代刑法学上の大原則である責任主義を崩し、ひいて国民の権利保障が危くなることとかを配慮することはない。この点についても、前述のような手続により国民の欲求への昇華を考えることが必要である。

二　このように考えてみると、国民の欲求は、まさにルソーのいうような「一般意思」に帰着するように思われる。そこで、その内容を確定する形式的基準は、「もし平均的国民が非行の状況とそれに対する刑法制定の意義について正確な認識を持ったならば抱いたであろう欲求」がこれだということとなろう。出発点はあくまでも現実の個人個人の欲求であって、それに前述のような観点からする修正を加え、抽象化して得られたものがこの国民の欲求である。

このような国民の欲求が刑法制定の基礎であり、原動力であるということは、現存の刑法における個人法益に対する罪について考えてみるとすぐわかるだろう。殺人罪、傷害罪、窃盗罪、強盗罪、強制わいせつ罪、強姦罪。もしこれらの行為が処罰されずに放置されていたことを考えてみると、いまあげたような感情が生じ、その果てに犯人処罰への欲求が生まれてくるであろうことは、たやすく想像がつくと思う。

しかし、個人法益に対する罪についても、元来国民はもっぱら利益の保護のみを欲求するわけではなく、その利益を害することへの欲求も持っていて、それとの比較衡量において利益保護への欲求に軍配をあげたのだということに注意する必要がある。たとえば、もし窃盗罪処罰の規定が存在しないとしたら、人は必ず他人の持物の中にほしいものがあるから、今よりずっと自由の範囲が拡がるだろう。もっとも、処罰規定がなくても、ふつうは道徳心や被害者への思いやりから他人の物をとらないですませることが多いだろうが、処罰規定がある場合、つまり他人の物を盗むと、十年以下の懲役に当たる重い犯罪者として警察に呼び出されたり、裁判所に起訴されたり、現に刑の言渡を受けて前科者になるという場合にくらべると、他人の物を盗む誘惑にかられやすいと思う。ということは、所有欲の満足のために他人の物をとりたいという欲求が否定できないことを意味する。それにもかかわらず、窃盗に対する処罰規定を設けてほしいという欲求が国民の欲求であると考えてよい根拠は何だろうか。

それは、次のような点にあると思われる。同じく所有欲の満足でも、人の物をとることによる満足と、自分の物をとられないですむという形の満足とでは、絶対に矛盾しあうので、どちらかを捨て、どちらかをとらなければならない。もし前者をとったとすれば、人間の所有欲というのは無限に拡がるものだから、そこには物のとりあいの地獄、実力の世界が現出する。のみならず、自分の所有物の中には、他人にとられては困るものも多い。つまり、代替性のきかない物も含まれているのである。そういうことになると、人は前者を捨て、後者の限度でのみ所有欲の満足を果たそうとしたと考えることにはかなりの合理性があるように思われる。すなわち、前述のような、国民の欲求の認定基準をもってすれば、このような二者択一の結果を知らされた国民一般ならば当然後者を選択したであろうという判断が可能であるように思われる。かくして、窃盗罪の規定は国民の欲求に基礎をおくものとして是認してよいであろう。

それならば、次のような問題はどうだろうか。昭和三十年代以降、わが国には自動車が普及し、莫大な数の交通事故が起こっている。事故の加害運転者を処罰する規定はあるし、いろいろな防止策はとられてきたが、それでも事故は絶滅できない。いつ自分も交通事故にあうかわからないような状態にある。それならば、いっそこの世から自動車を締め出したらどうか。自動車の生産、保有を禁止し、これに違反した者を厳罰に処することにしたらどうか。このように考える個人はそう多くないにしてもあるに違いない。それがなぜ国民の欲求とされないのだろうか。

国民は、おそらくここでも、やはり、利益と利益との比較衡量を行なっているものと思われる。基本的には、一方では人の生命・身体・健康、他方では自動車の効用が比較衡量されるが、単にそれだけに止まるものではない。事故防止についてなおいろいろな措置をとる余地があることも、衡量の一要素とされる。外国でそのような方策がとられたことがあるかどうかも、この比較衡量の参考資料とさるべきだろう。なぜなら、それは人類に共通な問題だからである。その結果、自動車の全廃を求める声は、まだ決して全国民的規模で唱えられているような実感はない。そこで、現在のところでは、自動車の生産・保有を禁止し処罰する法規を制定せよという、国民の欲求は存在しないと考えることには合理性があると思われる。

三　これに対し、国家の利益や社会の利益を害するような非行を処罰法規の対象とする場合にも、国家や社会の欲求でなく、国民の欲求を基礎とすべきである。ただ、この種の非行の場合、とくに国家の利益に対する非行の場合には、個人の利益に対する場合とくらべて、「わが身になぞらえる」余地が少ないから、非行に対して個人が現実に反応することがあまりない。そこで、それにもかかわらず国民の欲求をわざわざ認定する必要性いかんということと、認定の方法いかんということとが問題となってくるだろう。

この点に関し、後者についてはのちに項を改めて説明するが、前者については、本書は次のように考えている。もし国家の利益、社会の利益に対する非行について、その処罰の必要性はもっぱら国家機関が定めてよいということになると、国家機関はまさに国家の欲求にしたがってこれを行なえばよいし、そうするほかはないこととなる。もちろんその場合にも、憲法上の制約とか、自然法の要請というものが働く余地はある。しかし、その考え方は、基本的には国家は国民の利益の保護および調整のためのみにあるのでなく、もっと独自な機能を持つものと解する立場に帰着するし、しかも国家権力の保有者は元来そういった独自の機能を主張し行使したがる存在であると思われるので、はなはだ危険である。まさに近代国家が建設されたころの、前述のような国家観を基礎とし、国家は国民の利益を保護し、国民間で利益が衝突した場合にそれを調整することのみにつき権限を持ち、それ以外にはないという立場を徹底しなければならない。その立場によれば、国家の利益を害する非行が結局国民の利益を害することにつながる場合のにみ刑罰法規をもってこれを処罰しうるという結論になるのであって、そうであれば、形式的にもせよ、国民の欲求の存在が前提となり、その認定が必要となる。本書はこのように解するのである。

もっとも、前述のように、国家的社会的利益の場合には、非行に対する一般国民の反応は個人法益に対する場合にくらべると鈍いものがある。それは、利益に対する侵害が直接的でないからである。しかし、ここでも事態を正確に認識したならば欲求したであろうと判断することは可能であって、認定基準としては個人の利益に対する場合と何ら変わるものではない。たとえば麻薬・覚せい剤取締のための刑罰法規（麻薬取締法、覚せい剤取締法）は、麻薬・覚せい剤を使用する可能性のほとんどない一般国民にとっては無縁の存在で、そのような法規を具体的に欲求する一般国民は少ないだろう。家族の中にそのような薬物の常用者がいて家庭が破壊されたような、ごくわずかな人しかそのような欲求は持たないだろう。しかし、人間とくに若い者は意思強固に見えてもついフラフラと手を出してしまい、いったん手を出したらズルズルと泥沼にはまって人格は荒廃し、家庭は破壊されるということ、この種薬物は医学的目的に使う場合以外、害悪に勝るような効用はほとんどないということを正確に認識したならば、一般国民も処罰規定の存在への欲求を持つとみてよいであろう。この場合、国民の欲求に立ち帰らず、ただ社会の秩序維持を目的として立法をするという態度は正しくない。

もっとも、国家・社会の利益という形をとった国民の利益が害される場合の中には、加害行為が権利行使である場合が含まれている。したがって、そのような場合に刑罰法規が制定されると、権利行使が制約されることになるわけである。そこで、国民の欲求の存否を判断する基準である「事態を正確に認識したならば」という中には、このような事態も含まれていなければならず、その点を比較衡量した上での結論でなければならない。たとえば、街頭デモを一切禁止し処罰するという法律の制定が問題となった場合については、前述のように一般国民は利益の比較衡量の上このような法律を欲求しないと思われるが、現在あるような公安条例については、許可条件がとくに不適切でない場合には、街頭における交通の安全・円滑とか、街頭の平穏といった利益との比較衡量においてデモの許可制、届出制には合理性があると考えていると思われる。

四　国民の欲求の内容、そしてそれと個人の欲求との関係は、以上の説明でだんだんと明らかになってきたと思うが、国民の欲求はどのようにして認定したらよいだろうか。総選挙によって過半数を得た政党は、その政治の基本方針については国民の支持を受けたと解してよいが、だからといってその政党の推進する法案が国民の欲求の発現とみることはできない。総選挙において法案の基本的な部分が選挙戦の論争点になっていたような場合を除いては、立法についてはそれぞれ別個に国民の欲求を探求することが必要である。

具体的には、被害が一地域に集中しているような場合には、付近住民の平均的な反応が有力な判断材料になるだろう。マスコミの報道も、各社の動向や国民世論のそれに対する反応を見定めた上であれば、重要な資料となる。信用のおける機関によるアンケート調査も、国民が事態を正確に把握していると考えられる場合には、相当に拘束的な材料と考えなければならない。知識人・文化人は独自の世界観を持っていて、その世界観の論理的帰結として立法の可否を説くことが多いから、単に特定少数の聡明な人の意見のみを国民の欲求と考えるのは危険である。やはりその帰趨を総合的に判断する必要があるのではなかろうか。

しかし、国民の欲求はどのみち抽象化された観念である。結局、立法者が平均的国民の立場に立ってその欲求を推測するほかはない。刑法は、国民の自主規制の成果であるという近代刑法学の精神をこれとの関係で想起し、刑法制定の基礎を今一度国民の欲求に結びつけて考え直すべきである。そしてその国民の欲求の根底には、人間の赤裸々な欲求がうごめいていることを再認識すべきである。

第六章　非行への人間の欲求

第一節　犯罪行動のメカニズム

一　それぞれの時代の生産関係という下部構造が、それを作り出した人間の意思を超える拘束的影響を上部構造に及ぼし、その果てに支配階級の刑法制定への欲求を生み、刑法を創造するという筋道を一方において認めつつ、他方において刑法制定への意欲が下部構造とは無関係に発生し、そして刑法が制定されていくという筋道を矛盾なく承認するために、前章では両者の筋道の根源に「人間の欲求」という共通分母をおいて考えてみたのであった。刑法の根底にあるものを求める探検の旅も、かなり終わり近くなったことを思わせる。しかし、まだ終局に到達したとはいえない。残念ながら、われわれの前には、もう一枚の厚く堅い岩盤が立ちはだかって、どうしてもそれを打ち破らなければ根底まで到達することはできないようである。なぜなら、刑法制定を求める個人あるいは国民の欲求は何の根拠もなく突然生まれるのではなくて、一定規模の非行、すなわち他人の利益を侵害するかあるいはこれを危険にするような行為の認識が動因となって生ずるものだからである。そのような行為を放置するわけにはいかないという考えが、刑法制定への国民の欲求に結集していくと考えてもよい。したがって、刑法制定への個人ないし国民の欲求の奥底には、同種の非行が一定規模において行なわれるという事実が横たわっていることとなる。

もっとも、利益侵害は必ずしも人間によってひき起こされるのではない。落雷で人が死んだり、野犬が子供を咬み殺したりというように、自然現象あるいは人間以外の動物がその原因となる場合がある。純粋の因果関係という立場からみた場合、利益侵害の原因が人の行為であるか自然現象であるかはどちらでもよいことで、両者のあいだに区別はない。しかし、法規範は自然現象や動物には向けられない。法規範が名宛人とするのは人間だけである。それは何故かというと、法規範は人の行為を規律することによって人の利益を保護しようとするものだからである。自然現象による利益侵害が著しい場合、法秩序は自然現象に対して利益侵害をやめるよう命ずるのではなく、人間に対してそのような利益侵害を防止するように命じ、その違反に対し場合によって刑罰を科す。これが法規範の本質的特徴である。

そこで、一定の法規範を制定したいという欲求の生ずるのは、利益の侵害が人間によってひき起こされるという事態が続いた場合である。しかも、厳密にいうと、人間の態度の中でも因果律によって支配し尽くされた部分は自然現象と同じだからこれは除き、残った部分、つまり意思によって支配可能な部分、いいかえれば人間の行為によって利益侵害が継続的にひき起こされた場合だということになる。このような行為は、それを刑罰をもって禁止する法規範が制定されていない以上「犯罪」とはいえないから、ここでは「非行」と名づけることにしよう。このような非行が、刑法制定への欲求の前提となっていることは否定しがたい。

もっとも、このような非行も人間の行為である以上、刑法制定という行為と同様、何らかの欲求にもとづいて行なわれることはいうまでもない。その点では両者を区別する必要はなく、刑法の根底にあるのは人間の欲求だといい放つだけでよいようにも思われる。しかし、とくに非行への欲求の奥底にはまだ何かがあり、それが必然的に人間をして非行への欲求に駆り立てているのではないかという憶測が中々消しがたく残っている。とくに、人間の持って生まれた素質と、そのおかれた環境とが欲求に対し必然的な拘束力を与えているのではないかという憶測がこれである。そこで、この点をさらに解明しなくてはならない。

二

一定の素質を持つ者が一定の環境のもとに生育し、ある時一定の情況の下に立ったとき必ず犯罪を犯すものであるかどうか、つまり犯罪の原因を自然科学的に解明できるかどうかの検討に取り組んだのは、犯罪学という学問分野だった。

犯罪学の祖といわれるのは、イタリアの精神医学者ロンブローゾ（一八三六―一九〇九年）である。彼は多数の人間の身体を検査し、また死体の解剖をしているあいだに、とくに頭蓋骨にみられる一定の形態的特徴と犯罪とのあいだの相関関係に気づき、そこから、犯罪を行なうべく運命づけられている生来性犯罪人というものの存在を主張したのであった（寺田精一・ロンブローゾ犯罪人論〈大正六年〉）。ロンブローゾのこのような研究は、人間を抽象的に考え、理性による意思の自由な支配の可能性を根底においていた従来の人間観、刑法理論に対し衝撃的な影響を与えた。ロンブローゾの主張そのものは、その後の研究の深化によって多くが批判され尽くしたものの、犯罪の原因を自然科学の方法を用いて探究しようという傾向は、当時次第に時代の精神を風靡しつつあった自然科学万能の思想とあいまってますます進み、やがて犯罪学という独立の学問分野の研究が生み出されることとなった。

犯罪学の研究方向は、大別すると二つに分かれる。第一は人間のいわば素質面、生物学的側面に向けられたものであって、ロンブローゾの人類学的研究をはじめとし、生理学、医学、精神医学、心理学などの知見を犯罪原因の解明に応用しようとするものである。これに対し、第二は人間行動のいわば環境面、社会学的側面を探究するものであって、ここでは社会学、統計学、教育学などの方法が用いられる。

犯罪の生物学的研究は、これまた大別すると、人間の形態とか性別、年齢など主として身体面に関するものと、精神病、精神薄弱、神経症、精神病質、気質、その他様々な心理作用など、主として精神作用に関するものに分かれ、両者が相互に影響しあって発達してきたように思われる。前者に属する研究成果としてまずあげなくてはならないのは、クレッチュマー（一八八八―一九六四年）の体型と気質との相関関係に関するもので、彼によれば人間の体型は大別すると細身型、闘士型、肥満型の三つに分かれ、それが後述するような分裂性気質、粘着性気質、循環性気質にそれぞれ対応するとされた（正木正「クレッチュマー」異常心理学講座第八巻〈昭和四三年〉三二一頁以下）。性別では女性犯罪の特殊性が社会学の方法をも加味して探究され、主として子供を生み育てるという女性の宿命、そしてそのために備えられた生理と心理から生じやすい犯罪の類型が明らかにされていったし、年齢の点ではとくに発達心理学の助けをかりて青少年犯罪の特殊性が次第に解明されつつある。最後に、一九世紀の終わりごろに発見された人間の染色体に関する研究が最近さらに進み、とくにクラインフェルター（XXY）症候群とXYY症候群といわれる染色体異常と人間の行動、とりわけ犯罪との関係が注目されるようになってきたことをあげなくてはならない（現代精神医学大系24・司法精神医学〈昭和五一年〉三三〇頁以下）。しかしその正確度については疑問が提起されているし、それだけを独立の犯罪要因とする段階までには至っていないようである。

これに対し、人間の精神作用と犯罪との関係については、一九世紀以来実に多彩な研究が展開された。精神病の中には、たとえば精神分裂病のように精神病の大部分を占めるにもかかわらず原因が明らかにされていないものもあるが、病気の類型や症状、行動様式の特殊性についてはかなり研究成果が上がっており、精神病学的知見は犯人の責任能力（刑法三九条）の有無の認定に際して重要な判断資料とされている。困難なのは、むしろ正常人の中の異常人といわれる病的性格異常者（精神病質者）であって、現在でも精神病質という概念を作り出したクルト・シュナイダー（一八八七—一九六七年）の定義および分類（懸田＝鰭崎訳・シュナイダー・精神病質人格〈昭和三五年〉）が基礎とされているが、その異常は疾病とはいえずまた矯正や治療が困難なため、これに対し学問的研究が進んでいるとはいえない。それにもかかわらず犯罪者、とくに何度も犯罪をくり帰す累犯者の中にこの種の性格異常者の占める率が高く、刑事政策上の難問として積み残されているのが現状である。性的倒錯はすべてが犯罪を形成するわけではないが、これが犯罪の原因になることは多く、性的倒錯にもとづいて犯罪を犯す者は、それを繰り返す傾向にある。現在では性的倒錯の類型はかなり明らかになったが、どのような過程を経てそれが形成されていくかの研究は、まだ個別的なケース研究の域を出ず、どのような素質、環境にある者がどのような性的倒錯に陥りどのような犯罪を犯すに至るかの過程を予測するまでには至っていないようである。

知能の発育遅滞、すなわち精神薄弱と犯罪との関係は、以前はかなり強度なものと考えられていたが、精神薄弱児施設などの発達に伴い、現在では犯罪原因の中での精神薄弱の地位はかなり後退することになった。現在ではむしろ若干の知能のおくれの方が問題であって、前記のような病的生活異常と結びついたり、あるいは劣等感をまき起こすとか学業から脱落するなどが原因となって不良化の道をたどったりすると、それが犯罪をひき起こす原因になる。とくに現在の日本における異常な教育環境のもとでは、それは由々しい問題の一つといわねばならない。

人間の気質は必ずしも犯罪者に特有のものではなく、人間一般の問題であるが、人間行動の特殊性が気質の差に依存していることが発見されると、その研究はただちに犯罪原因の解明に応用されることとなった。人間の気質を体型との関係で明らかにしたのは、前述のようにクレッチュマーであり、彼によると、人間は分裂性気質、粘着性気質、循環性気質のいずれかに分かれるものとされた。この気質は精神病と関係はないが、精神病の種類としての精神分裂病、てんかん、躁鬱《そううつ》病の外形的特徴と似通った側面を持っているため、また分裂気質、てんかん気質、躁鬱気質とも呼ばれる。このような気質は、後年、クレペリン（一八五六―一九二六年）などの手によって正確な検査法が考案され、また研究も深められることとなったが、いずれにせよまったく遺伝的生来的なもので、訓練によって他に移行することがまったく不可能であることが明らかにされた。そして、たとえば冷酷な計画的な殺人が分裂気質の人によって行なわれることが多く、他の気質の人に少ないとか、ふだんは平静で規則正しい人が突然かっとなって前後の見境もなく人を殺したり傷つけたりというような行動がてんかん気質の人に多いなどというように、気質と行動とのあいだにある程度の相関関係のあることまで証明されるようになった。こうしてみると、人間の行動がいかに生物学的要因の影響を受けているかがわかるのであって、責任とか刑罰とかを考える場合、必ずこの点を考慮しなければならないようになったのである。

三　以上かいつまんでみたように、犯罪学は人類としての人間の生物学的側面を追究してきたが、人間は決して独立の存在としてこの世の中にあるのではなく、必ず他の人間と共同の生活をし、他の人間と様々のかかわり合いを持ちながら生長を遂げていくものである。しかも、人間の集団は大小を問わずそれぞれ固有の運動法則を持ち、独自の存在構造を持って個々の人間をその中に包みこんでいる。そこで、人間個人の発達やその行動様式には、その人の属する集団の影響が顕著に現われてくることとなるのであって、そのような認識から、人間行動に対する環境の影響を追究する学問が進み、犯罪学もまた、そのような方向に発展することとなった。

犯罪に対する環境的要因の影響を強調したのは、つねにロンブローゾについで名をあげられるイタリアの刑法学者そして政治家フェリー（一八五六―一九二九年）であり（山田吉彦訳・フェリー・犯罪社会学上・下〈大正一二年〉）、両者とともにイタリア学派の中に数えられるガロファロ（一八五二―一九三四年）であった。そしてそのような方法は、ほぼ時を同じくしてフランスでも栄え、法医学者ラカッサーニュ（一八四三―一九二四年）、社会学者タルド（一八四三―一九〇四年）、デュルケム（一八五八―一九一七年）などによって犯罪が社会に起源を持つことが主張された。彼らが活躍したのは時あたかもコント（一七九八―一八五七年）を開祖とするヨーロッパ社会学の草創期にあたり、一九世紀後半における自然科学万能の思想と、産業革命後のヨーロッパにおける急激な社会変動が結合した結果生まれた新しい方法の展開であった。

犯罪の社会的環境的要因の研究は、犯罪学の中でとくに犯罪社会学と呼ばれ、その後種々の社会的要因の類型ごとの研究を発達させた。都市と犯罪、貧困と犯罪、失業と犯罪、戦争と犯罪、暴力団と犯罪などの研究がこれである。しかし、この方面の研究の中でもっとも注目しなければならないのは、幼少期における家庭環境と犯罪との相関関係についてのそれであって、この点についてはとくに第二次大戦後のアメリカ犯罪学に注目しなければならない。元来アメリカ犯罪学の特徴は、犯罪原因のうちの一面を深く追究することの多いヨーロッパ犯罪学にくらべ、犯罪発生の多元的な因子を列挙するという方向を持っていた。このような伝統の開拓者として名をあげなければならないのは、第一次大戦前後に活躍したヒーリー（一八六九―一九六三年）である〈樋口幸吉訳・ヒーリー・少年非行〈昭和三一年〉〉。ヒーリーは元来精神医学者であったが、犯罪発生の生物学的要因と文化的社会的要因との相互作用に注目し、とくに精神分析学的方法を用いて非行化過程を動的発展的に解明しようとした。そしてその研究調査の過程で、少年非行が主として家庭内の充たされない愛情関係から生ずる圧力からの解放の表現であることを明らかにしたのである。

このようなヒーリーの方法をさらに発展させ、戦後のアメリカ犯罪学を著名にしたのは、とくにグリュック夫妻の非行予測理論であり〈中央青少協訳・グリュック・少年非行の解明〈昭和二八年〉、安倍＝樋口・グリュック犯罪予測法入門〈昭和三四年〉）、またサザランドの包括的な研究であった（東大刑法研究室訳・サザランド・刑事学原論〈昭和二五年〉、平野＝所訳・サザランド＝クレッシー・犯罪の対策〈昭和三七年〉、同、犯罪の原因〈昭和三九年〉）。サザランドによれば、少年非行者の出る家庭は、次の条件の一または二以上を備えているとされた。すなわち⑴家庭内の他の成員が犯罪者であったり、不品行であったり、アルコール中毒者であったりすること、⑵片親または両親が死刑、離婚、遺棄などで欠けていること、⑶親が無知、盲目その他の知覚上の欠陥を持っていたり、病身であったりして監督が十分に行なわれないこと、⑷専制、偏愛、過度の干渉、厳格、放任、嫉妬、過密住居、親類の同居等に示される家庭内の不和、⑸人種や宗教の相違、習慣や基準の違い、養子、施設養育、⑹失業、低収入、共稼ぎなどの経済的な圧迫などがこれである（平野＝所訳・サザランド＝クレッシー・犯罪の原因一五二頁）。

わが国でも、とくに戦後幼少期における家庭環境の非行に与える影響が強く注目され、様々のデータが示された。それによれば、両親あるいはそのいずれかを欠くいわゆる欠損家庭や、両親はそろっているがその間が不和であるとか、子供と両親との間に円満な意思疎通がないなどのいわゆる葛藤家庭から犯罪、とくに少年非行が生まれやすいことが証明されたのである。このように、家庭環境という社会的要因が少し以前には大きくクローズアップされ、それは今日においても否定しがたいが、最近では進学競争というわが国特有の教育環境がこれに加わり、少年非行や犯罪の重要な要因になりつつあることに注目しなければならない。

四　このような犯罪学の成果を前にすると、われわれは、少なくとも、犯罪を含む人間行動に素質的環境的要因が非常に強く作用するということを是認せざるをえない。欲求の根底には、このような要因が横たわっているといって差支えないようである。しかし、他面、われわれはまた次のことをも前提にせざるをえないように思われる。すなわち、一定の遺伝的な素質が環境とからみ合って次々と一定の心理状態を作り出し、それがまた環境と相互作用し合って最終的に欲求を生み出していく、その正確な機序についてはまだ完全な立証がなされていない、ということがこれである。もし将来、これが自然科学の方法により完全に証明されたとしたら、人間の欲求、したがってその行動はすべてその素質と環境の必然的産物だということができることになろう。しかし、現段階の科学の力をもってしては、そこまでの解明はなされていないのである。

しかし、さきに簡単にスケッチしたような犯罪学の成果をみるだけでも、人間の行動がすべて理性によってコントロールし尽くされた合目的的行動だとする、かつての啓蒙主義時代の人間観を保持するわけにはいかないだろう。これは確かである。そこで、この辺の考えを、もう少しすっきりさせておかなければならないこととなった。そして、その点について手がかりをなすのが、古くから争われてきた意思の自由の問題である。

第二節　人間の意思は自由か

一　人間の意思が何らかの外部的要因によって決定されているのか、それともそのようなものから自由であるのかについては、古くから争いがあった。ヨーロッパの中世にはキリスト教思想が支配していたから、人間は神の被造物であり、人間の意思は神の意思によって決定されているとすることに何の疑問も感ぜられなかったのは当然である。近世に入ってようやく人間の独自性が自覚されるようになったが、その思想の中心をなしたのは、理性の尊重を説く考え方であった。理性による思考の独自性が、人間の神からの独立性を論証しえたのである。

このような近世的思想は、当面、意思の自由を肯定する。人間は自己の理性にしたがって自己の意思を決定しうる、という思想こそが、神からの人間解放という近世的思想を特徴づけえたわけである。このような考え方は、近世初頭は単なる哲学思想に止まったが、やがて資本主義が発達し、封建制最後の権力機構といわれる近世初頭の絶対主義を邪魔物と考える気運が生ずるとともにそれは一種の社会思想にまで拡大し、いわゆる啓蒙思想に結実したのであった。近世初頭の合理主義哲学の使命は神からの人間解放にあったが、啓蒙思想の課題は、土地中心の経済体制に特徴的な、封建的人間関係からの解放というところにあった。そこで、啓蒙思想の核心をなしたのは、一つの人間観、つまり、人間は生まれながらにして平等に理性を授けられ、その理性にしたがって行動することのできる立派な存在だ、という人間観であった。これを、啓蒙主義的人間観と呼ぶことができよう。そのような考え方に立脚してはじめて、貴族の子はつねに貴族、小作人の子はいつも小作人という中世以来の世襲制度を批判することができ、また、誰もが平等に一票を持って政治に参画すべきだという選挙制、議会制民主主義を確立することができたのである。意思自由論は、当然、啓蒙思想によって継承・発展させられた。

他方、近世の合理主義思想の中には、あらゆる形而上学的なものを排斥し、科学的に物事をみようという科学主義が含まれていた。そこで、人間の意思は自由ではなく、遺伝的素質やおかれた環境によって決定されるという考え方が、これまでにもたびたび唱えられ、それも近世的思想の一面と考えられてきたのである。そのような考え方が爆発的に栄えたのが、一九世紀後半における自然科学万能の時代であった。

啓蒙思想を生み出したのが一七、八世紀における資本主義の発展であったことは上述したが、一九世紀の自然科学思想を生み出したのも資本主義のその後の発展であった。すなわち、市民革命を起こして絶対王制を打倒し、資本主義の展開に有利な国家制度を確立したヨーロッパのブルジョア階級は、次にいわゆる産業革命を起こして生産・流通の技術を開発し、急速に経済成長を遂げていった。その過程で当然発明・発見が促進され、これに伴って自然科学が大いに発達したのである。その結果、さきに犯罪学の発展について説明したように、人間は実は生まれながらにして平等ではなく、それぞれ異なる遺伝的素質を持って生まれ、それが人間の行動に強い影響を与えるということ、他方、人間がおかれた環境のいかんによってそれぞれ特徴的な行動をすることが明らかになったため、環境もまた人間の行動に拘束的影響を与えるということが明らかになった。これは、啓蒙主義的人間観の崩壊につながる知見であって、ここから、意思の決定論が大いに主張されるようになったのである。ここに形成された人間観を、自然科学的人間観と称することができよう。

しかし、二〇世紀に入ると、一九世紀における科学主義に対するはげしい反動が起こった。意思決定論によると、人間の行動は素質と環境の産物だから、そこには人間の自由とか、向上とか、努力とか、良心というものが考えられなくなってしまう。しかし人間の生活経験はそのようなものの存在を想定し、人間はそれを前提にして生きているといってよい。しかし、すでに自然科学の発達によって明らかにされたことがある以上、啓蒙主義的人間像に帰るわけにはいかない。それを修正しつつ、なお人間の意思の自由を説かねばならぬ。これが現代の支配的な思想である。二〇世紀の初頭に栄えた新カント学派の哲学、二〇世紀の初頭から第二次大戦のあとまで強い影響を及ぼした実存主義の思想、さらには一九世紀の半ばから二〇世紀全体を通じて尨大な支持者を得たマルクス主義哲学も、何らかの形で意思の自由を肯定するものであった。

二　意思の自由の問題は、このように近代思想史をみただけでも、短期間のあいだに大きく揺れ動いている。現在でも定説というものがあるわけではない。刑法学の分野に限定しても、一九世紀に強調された意思決定論を採る人は依然としているし、他方人間は素質と環境に決定されつつも逆にそれに働きかけそれを決定する能力を持つとする相対的非決定論（とくに団藤重光「刑法における自由意思の問題」尾高追悼・自由の法理〈昭和三八年〉二〇五頁以下）も説かれている。そしてその両者の中間に、人間は一定の環境におかれたならば必然的にある行動をするが、他の環境におかれたならば他の行為をなしえたのであって、そこに刑法的な責任非難の根拠を求めようとするいわゆるソフトな決定論（平野龍一・刑法の基礎〈昭和四一年〉三頁以下、六一頁以下）や、人間の行為が因果的に決定されていることを認めつつ、人間の意思が意味・価値によって決定されるとき、その意思を自由と解する立場（福田＝大塚訳・ヴェルツェル・目的的行為論序説〈昭和三七年〉六二頁以下、とくに七〇頁以下、福田平「現代責任論の問題点」ジュリスト三一三号五八頁以下、とくに六一頁）などの諸説が唱えられている。

このような学問状況のもとで意思の自由の問題を考えるにあたっては、少なくとも次のことを前提にして考えるべきであると思う。その第一は、人間の意思が素質や環境によって影響を受けない無原因なものであることはすでに完全に否定されているということである。ご飯を食べようと決意するのは、空腹を覚えたとか（動因）、食事の時間が来たとか、適当な食堂の近くまで来たとかの環境的要因（誘因）に誘発されたからであって、無原因に生じたのではないということである。このことは、現代の心理学や前述のような犯罪学の成果からみても明らかだろう。大体意思というものは、前にみたように、ある一定の快原則にしたがった欲求がなければ生じない。もちろんたとえばご飯を食べたいと思っても近くに食堂もなければ弁当も持参していないという場合、ご飯を食べるという行動を導くところの、ご飯を食べようという意思は生じない。しかし、逆に意思が生ずる場合には、必ずその背後に何らかの欲求が働いているのである。その欲求は、必ずしも空腹という動因に導かれるものであるとはかぎらない。今は空腹ではないが、今食べないとあとで空腹を満たすことができないからとか、体が衰弱するからというような動機（行動経験とそれに後続する快経験）に導かれた欲求である場合も存在するのである。このように、行動は意思に、意思は欲求に、欲求は動因や動機に誘発されて生ずるということは心理学上動かしがたい事実であって、この点については犯罪行動の場合も理性的な行動の場合も構造的な違いはないといわねばならない。このことを否定することはできない。これが確定しておきたいことの第一である。

このことから、しかし、ただちに意思の決定論が導き出されると速断してはならない。これを肯定する考え方もあるが、なお次の点を問題にしなければならないと思う。その問題というのは、たとえば精神病や精神薄弱のような精神障害を持つ者の行動と、一般人の行動とでは構造が同じかどうか、ということである。もしこれが肯定されるとしたら、意思決定論が凱歌をあげることになるだろう。もし否定されるとしたら、意思自由論がなお維持される余地が生ずる。この問題こそ、意思自由の存否を決定するキー・ポイントといわなければならない。

たしかに一定の遺伝的素質のある者が一定の環境のもとに育ち、その者特有の欲求の解発条件を学習によって蓄積してきたという実態に着目するならば、その者にある動因が生ずればある欲求が生じ、それにもとづいて意思、行動が生まれるのは必然的な現象であり、その過程は、構造の点で、精神障害にもとづいて欲求、意思、行動が必然的に行なわれるのと差異はないとみる見方も成り立ちえないではない。しかし、ここで想起しなければならないのは、ある行動が行なわれた場合に、そこから遡ってそれがどのような意思に導かれ、その意思はどのような欲求から生じ、その欲求はどのような動因から生まれたかを探究することはできるとしても、逆に、ある特定の人間にある動因が生じた場合必然的にある特定の欲求、意思、行動が生ずるということの証明はできていない、ということである。いいかえると、「何らかの」動因から「何らかの」欲求が生まれ、そこから「何らかの」意思が生ずるという過程そのものについての証明は心理学的にできているが、その因果の連鎖が必然的関係であるということの証明はできていないということである。これに反して、精神障害者の場合には、この必然性の関係がかなりの程度に証明されている。たしかに現在の精神医学の力をもってしても、ある精神障害があった場合に必然的にある欲求、ある意思が生ずるということを事前的に判断することは完全にはできていない。しかし、少なくとも事後判断として、ある行動が行なわれた場合にこの行動は「ほかならず」この精神障害にもとづいて起こったのだということの証明は、かなりの程度にできるようになった。これに反して、通常人については、ある行動が行なわれた場合にこの行動はこの意思、この欲求にもとづいて行なわれたのだという証明はできても、この行動は行為者の当時の精神状態とか行為者のおかれた当時の環境とかから「ほかならず」生じたということの証明はできていない。両者のあいだには、本質的な構造上の違いがあるとみなければならない。これが確定しなければならないことの第二である。

三　このことから、第三に、次の確定事項が生ずる。それは、精神障害者の行動と通常人のそれとのあいだに本質的な構造的差異があるとすれば、それを表現するならば、精神障害者の場合には行為当時他の行為に出る可能性（他行為可能性）はなかったが、通常人の場合にはその可能性があったかもしれない、ということである。「可能性があったかもしれない」と述べたのは、可能性があったという証明も、なかったという証明もできていないからである。精神医学や心理学の世界で意思の自由の存否をどちらかに確定することをしないのは、自然科学の世界では証明されていないことを前提にするわけにはいかないという事情があるからである。刑法の世界でも、必要がなければそのような確定は避けたほうがいいに違いない。しかし、刑法の世界でそれを避けることはできるだろうか。

まず第一に考えなければならないのは、他の行為をする可能性がなかったかどうかを確定しないままにしておくと、現行刑法の認めるように精神障害者について責任能力を否定し、「罰しない」とか「その刑を軽減する」とか（刑法三九条）の効果を認めることができず、通常人を精神障害者と同じように扱うほかはなくなるということである。その場合、どちらにそろえるかといえば、精神障害者の場合は他行為可能性がなかったことが証明されるのだから、通常人を精神障害者にそろえるほかはない。そうなると、刑法は「刑」法であることをやめることになる。やめた場合どうなるかというと、犯罪を犯した人をそのまま放っておくわけにはいかないから、これに対して「保安・改善処分」を科すための法律に転化することになる。つまり、この考え方では、通常人と精神障害者との区別がつかないのだし、通常人も精神障害者と同じようにその素質と環境から「必然的に」違法行為を犯したとみられることになるのだから、刑法はそのような犯人を罰するためではなく、そのような犯人から社会を防衛し、そのような犯人をしてふたたび違法行為を犯させないように隔離・治療・改善・矯正・教育するための法律ということになり、そのような改善・矯正・教育の手段としての社会防衛の「処分」の種類や量やそれを科す前提条件などを規定する法律に転化してしまうのである。

このような考えは、しかし決して奇嬌なものではない。現に一九世紀の後半から二〇世紀のはじめにかけて先進西欧諸国に登場した実証主義（新派）刑法学は、意思の決定論から出発して刑法を「刑罰法」から「処分法」へ変身させることを主張したのだった。

しかし、このような刑法観は、少なくとも現在の日本のようにいわば階級の対立というものが存在し、価値観が多元化している国家のもとでは、刑罰が多用される危険を含む。なぜなら、このような刑法観のもとでは、刑法にもとづいて科すところの「処分」は本質的に「善」であり、善は大いに施すべしということで大いに用いられる傾向になってしまうからである。刑法の科すものが「刑罰」であるより「処分」であるほうが穏やかで人間的だという観念は、あまりにも楽天的だといわねばならない。戦後わが国の刑法学の中で、戦前かなり栄えた実証主義刑法学が急速に衰微していった最大の理由は、この点にあったといえるだろう。

このように考えてみると、刑法の科すものは「刑罰」でなければならぬとする刑法観のほうが、一見厳しそうにみえて実は人権の保障に役立つことがわかる。刑罰は本質的に害悪であり、必要悪であり、「悪」だからできるだけ身をつつしんで、必要最低限の場合に遠慮深く登場すべきだという考えは、むしろ古典主義（旧派）刑法学に基礎をおいた応報刑論(1)のほうに親しみやすい。ただ応報の範囲内で犯人の改善・矯正・社会復帰という刑事政策的効果を刑罰に営ませることを考える点で、現在の刑法理論は古典主義と同じ姿をとっているわけではない。

ところで、刑罰を応報と考える考え方は、実は精神障害者の行動と通常人のそれとを本質的に構造を異にするものと考える理解と結びついている。精神障害者の場合には、他の行為をすることができず、必然的に違法行為を犯すしかなかったのだから、彼を「けしからん」と責めるわけにはいかない。ところが通常人の場合には、他の行動をとることができたのだから、違法行為を避けて適法行為に出ることもできたはずだという判断が可能になってくる。違法行為をせずにすんだのに違法行為への欲求に身をまかせ、みずからの意思で適法行為に出ることをしなかったとすれば、そこには「けしからん」という非難が可能になるからである。そのような非難が生じた場合、その非難を解消させるのに適当な量の刑罰を反作用として与える、これが応報刑論にほかならない。

このように、他行為可能性の有無を非難の有無に結びつけ、非難の有無・大小を責任の有無・大小とし、これを刑罰の有無・大小の一応の基礎とするという考え方は、現在の刑法学上広く是認されているが、それは、結局、他行為を行なうよう意思決定することが可能だったという意味での意思の自由を認めるものといえよう。むしろ、現在の支配的な刑法理論は、意思の自由を前提にしないと成り立たないとすらいえるだろう。もっとも、この点については、証明されていない意思の自由などというものを前提にするのは非学問的であり、許されないという批判が提起されている。この批判を克服しなければ、現在の支配的な刑法理論そのものが根底から覆えることになってしまう。この点をどのように考えるべきだろうか。

(1)「応報」という日本語には、復讐という意味が含まれているが、ここで応報刑論という場合の応報は復讐を意味するものではない。「必然的反作用」という意味に理解すべきである。つまり、本文で説いたような意味での責任が生じたとき、必然的反作用として科さるべきものが刑罰だと解するのである(応報刑論)。もっとも、刑罰を科す場合にはいろいろな刑事政策的考慮を働かせなければならないから、責任に相応する刑罰の範囲内で、このような考慮を働かせることは可能であり、したがって、そのような考慮から刑を減軽したようがよければ減軽するし、刑の執行を猶予したほうがよければ猶予することは、応報刑論と矛盾するものではない。しかも、現実に刑罰を執行するにあたっては、もっぱら受刑者の改善・更正・社会復帰をはかることを考えるべきである。このような考え方が、現在では広く認められている。

四　この点につきまず出発点としなければならないのは、刑法というものが元来一般の人間が他の人間の行動に対し一定程度の「けしからん」という怒りを感ずるとき、その他人に対し刑罰を科さねばならないものだということである。人間の復讐心は、前述のようにおそらく原状回復への本能に由来するのだろうが、刑罰という制度がこの人間の怒りとそれにもとづく復讐心から出発し、復讐の禁止、国家による復讐の代行という形で発展してきたものであることは、すでに説明した。現在では、刑罰の刑事政策的な目的が強調されており、それはたしかに重視しなければならないけれども、やはり奥深いところでこの復讐心の宥和手段という本質を失っていないことも、前に説明したとおりである。けしからんという一般民衆の怒りを国家が放置しておくと、民衆は復讐、リンチによって犯罪者に厳しい制裁を科すおそれがあり、そのような私的暴力がさらに私的暴力を生んで、とめどもつかない混乱に陥ってしまうおそれは、今でも解消してしまったわけではない。

それでは、どのような場合に一般人は他人に対し怒りを感ずるのだろうか。われわれの日常生活の経験をふり返ってみると、たとえば自然現象や動物による利益侵害に対しては、あきらめとか後悔の念が生ずることはあっても、怒りが生ずることはない。同様に小さな子供や精神障害者の行動に対しても、それが他の正常な一般人が防ぎえたような場合にその一般人に対して怒りが生ずることはあっても、小さな子供や精神障害者自身に対してこれを感ずることはあまり多くない。これに反して、子供や精神障害者でない正常な大人によって自分や近しい人の利益が害されたとき、人間はこれに対して怒りを感ずるのである。この違いはいったいどこから生ずるのだろうか。それは、子供や精神障害者の場合には、自然現象や動物と同じように他行為の可能性がなかったと思われるのに反して、それ以外の正常人の場合には他行為の可能性があり、したがって違法行為を避け適法行為をなしえたという推測が働くからである。それ以外に両者を区別する標識は存在しないだろう。

ところで、この推測はどこから生ずるのだろうか。人間は、通常の状態で意思決定をするとき、その意思決定は自分の素質や環境の必然的帰結とは考えず、まさにみずからの独立した意思でなしたものと考える。それは動かしがたい事実である。そこで、自分と同じような正常な状態で意思決定をした人についても、その人はみずからの独立した意思でなしたものと考える。だからこそ、一般通常人が違法行為を行なった場合、その人は適法行為をしえたのにみずからの意思で違法行為を行なったのだから、他人からみるとけしからんと感ぜられてくるのである。つまり、人は、わが身に照らして非難を感ずるのだということができよう。

このようにみてくると、他行為可能性という意味での意思の自由というものが精神医学や心理学の上で立証されていないにもかかわらず、刑法の世界ではこれを前提にせざるをえないし、前提にしうることがわかる。つまり、素人である一般人は、意思の自由が科学的に完全に否定されるまで、その否定されない限度でこれを想定し続ける。そして意思の自由とか他行為可能性とかを想定するかぎり、正常人の違法行為に対しては怒りを感じ非難を感ずる。非難が生ずるかぎり、刑法はこれに対し何らかの手当をしなければならないというわけである。

賢明な読者はすでに気づかれたことと思うが、刑法の世界で問題になるのは実は「意思が自由かどうか」ではなくて、「一般人が自分の意思、したがって正常な他人の意思を自由と感ずるかどうか」にほかならない。このことを強く心に留め、これを刑事責任とか刑罰とかを考える出発点としなければならない。だからこそ、前に述べたように、人間に他行為可能性が行為当時あるかどうかが立証されていなくとも、これを前提にして理論を構築せねばならないし、構築することが許されるのである。

五

さて、われわれは刑法学における意思の自由の問題にかなりのエネルギーをさいてきたが、実はこの問題は「刑法の根底にあるもの」の探究という点からみると、廻り道にしかすぎないものであった。なぜなら、これを肯定するにしても、否定するにしても、現在の知見をもってすれば、人間の意思は突然無原因に生ずるのではなく、何らかの欲求にもとづいて生ずるものであることを前提にせざるをえないからである。しかもその欲求も、様々の動因とか誘因というものにもとづいて生じ、しかも、一次的欲求として生まれながらに備わっているか、あるいは後天的に学習によって形成されてきたものである点を考えると、欲求の奥底にも、おそらくは生物としての人間というものが横たわっているからである。

それでは、なぜこのように意思の自由の問題に長時間をさいたかというと、意思の奥底にまだ様々の要因があるという見解を採った場合、意思決定論を認めざるをえないのではないかという疑いが生じ、それを解明しておく必要が感ぜられたからである。逆に、刑法の存立の根拠として意思の自由を認めながら、人間の意思がさらにその奥にある種々の要因から派生するという理解を矛盾なく維持するためには、それ相応の理論構成が必要だったからである。結論として、そのあいだに矛盾はないことが明らかになった。

終　章　刑法の根底にあるもの

一　われわれは、ようやく「刑法の根底にあるもの」に達したようである。刑法制定への人間の欲求は、他人の利益を害する非行の存在を前提とするから、その非行の根源をたずねてみると、そのような非行への人間の欲求に行きついた。そこまでは、現段階における科学の知見をもって解明されたものとみてよいだろう。しかし、本当はまだそこで行き止まりになったわけではない。人間の欲求には、さらに人類学的、生物学的、心理学的、社会学的等種々の要因があるいは単独で、あるいは他のものと複合して強弱様々の影響を与えていることは疑いない。将来さらに科学が発達して、それらの要因相互間の関係およびそれらと欲求との関係が必然的なものと証明された場合には、刑法の根底にそれらの諸要因を体系化しておかねばならないこととなるだろう。

たしかに動物の行動をみていると、人間と同じように理性的な行動をしているのではないかとさえ思われるものがある。たとえば鳥や動物が巣を作っているところをみていると、作る位置といい、材料といい、その形といい、その選び方は実に絶妙である。蚕はある発展段階まで達すると、与えられた環境の中でもっとも繭を作りやすいような一角を選び出し、そこでせっせと糸を紡ぐ。誰かに教わったのではないかとさえ思われる行動である。それが実は単なる本能的な行動であるとは。人間の場合でも、まさに無限ともみえる働きをする精密機械のような身体に後年発達する要因が、直系〇・二ミリといわれる「胚」（精子と卵子の結合してできたもの）の中にすべて包含されているという驚くべき事実がある。

　このように考えてみると、たしかにあらゆる文化現象の根源には、生物としての人間があるにとどまるのかもしれない。人間は、ある時期、ある場所では、生物の法則として必ず繭を作るように刑法を作るのかもしれない。刑法の根底を探ねてみると、もはや人間ではいかんともなしがたい生物としての人間に突き当たるのかもしれない。しかし、これはまだ自然科学的に証明されていない仮説にとどまる。そこで、われわれは今のところまだ夢を抱いて、生物学的要因の法則的影響力を越えた主体的な行動要因に、独立の最終の地位を与えることとなった。そして、そのようなものとしては、やはり人間の欲求を考えるのが適当であると思う。

二　人間は、先天的あるいは後天的に様々の形の欲求を持つ。人間がそれぞれ単独で生活せず、互いに相よって社会生活を営むというのも欲求の一つのあらわれである。ところが人間が社会生活を営むことになると、必ず一方の欲求が他方の欲求と矛盾する結果を生ずる。もちろん人間には、前述のように「適応の欲求」があるから、自己の快原則の追求が他人の快原則の追求と抵触する場合にその追求をやめることが別次元の快原則に適合するので、結果として欲求と欲求の矛盾が避けられることは多い。しかし、自己内部の欲求と欲求の相剋の過程で、他人の快原則の追求を損ねるような形での快原則の追求が、適応の欲求を圧倒するような場合がありうる。これがまさに非行への欲求にほかならない。

しかし、一人の人の欲求と他の人の欲求との衝突が生じても、それが多くの他の人の欲求に影響を与えることがないか、あるいはそれが少なければ、欲求の発現である行為は犯罪とはならない。それが犯罪となるのは、そのような欲求の発現である行為を放置しておくわけにはいかないという多くの人の欲求が刑法の制定に結集することが必要である。刑法は、人間の非行への欲求を契機として生ずる刑法制定への人間の欲求がなければ、決してこの世の中に現われてくることはない。

しかし、刑法というものは、高度に政治的に組織化された社会である国家の手によって作られる。そこで、刑法は刑法制定への人間の欲求に基礎をおくとはいうものの、個々の人間の欲求には相違がありうるから、一人一人の人間の欲求をすべて平等に考慮するというわけにはいかない。そこには、どうしても、一定限度の抽象化が必要となる。つまり、国家が刑法制定にあたって直接基礎としなければならないのは、「もし平均的国民が非行の状況とそれに対する刑法制定の意義について正確な認識をもったならば抱いたであろう欲求」であって、それは、一口にいえば「国民の欲求」という概念にまとめ上げることができるだろう。刑法は、国民の代表者がいわば自主規制として制定するものだから、そのような国民の欲求のないところに登場すべきものではない。これは一つの筋である。

ところが、現実には、刑法制定への国民の欲求があるのにそれが制定されなかったり、逆に国民の欲求からかけはなれたところで刑法制定が行なわれたりすることがありうる。それはなぜかというと、そもそも国家というものさえ人間の欲求によって形成されたものであるが、それは一旦形成されると独立の法則にしたがって発展していく存在となり、刑法制定という高度に政治的な行為も、そのような独立の発展法則の末端で行なわれることがありうるからである。現在のわが国は民主主義的自由主義国家だから、刑法の制定が前述のような意味での国民の欲求に対応していることが正常な生理現象であり、対応していない場合が、本来あるまじき病理現象だということになる。両者の隔差をはっきりと認識するのが、刑法学の一つの重要な任務といわねばならない。

国家的行為のこのような病理現象がなぜ生ずるのか、その根源を鋭くついたのはマルクス主義であった。生産力の一定の発展段階では、基本的な生産手段の所有が直接の生産者から引きはなされ、特定の少数人に集中される。その場合に生産手段の所有者と生産者とを結びつけるためには、前者による後者に対する階級的支配の関係が生ぜざるをえない。その階級支配の道具が国家であり、法律であるとみるのが、マルクス主義の基本的な法律観である。そこで、当初の生産関係と事後に発展した生産諸力とのあいだの矛盾が激化すると、階級支配にも当然病理現象が生ずると解することとなるのである。

だが、人間はなぜ一定の段階で一定の生産関係に入るかといえば、たしかに社会的な法則が働いたからだと答えることは可能であるが、社会的な法則の根底には人間の欲求がある。所有欲を中核とする様々の経済的な欲求が、人類のある発展段階における知識、技術などを前提にすると、必然的に一定の生産関係を結ぶことになるのではなかろうか。マルクス主義がすべての上部構造の土台においた社会の生産関係は、やはり人間の欲求の発現にほかならない。人間は、前述のように一方においてその欲求から直接刑法を生み出すこともあるが、他方その欲求から一定の生産関係を作り出し、そこから派生する独特の法則的な影響力のもとに――場合によっては国民の欲求を超えたところで――刑法を作り出させることもある。刑法の根底に人間の欲求をおきつつ、刑法制定に国家の病理現象を認める理論的構造は、このようなところに求めるべきであろう。大企業と政治の病的な癒着が時たま情報の表面にあらわれてくることがあるが、これはただ偶然にそうなったわけではない。その時代時代の経済構造とそれから派生する法則が、刑法制定を含めた政治活動に強い影響を及ぼすことを見落してはならない。

前述のように、ある刑法の制定がその国にとって正常な生理現象であるのか異常な病理現象であるのかを決定する基準は、前に述べたような意味における「国民の欲求」である。そしてそれは結局のところ、刑法制定の可否を決める抽象的基準である「国家的必要性」とか「自然法」の内容をなすものである。この概念は、たしかに不明快なところを含み、国民の欲求の名のもとに国家それ自体の欲求がしのびこむおそれは否定できない。しかし、刑法制定を指導する抽象的基準は、すべてそのような性格を免れないのだから、この基準のみをそのような理由で非難するのは正しくない。むしろ、刑法制定に個々の国民の欲求をできるかぎり反映させるという方向性を持つ点で、この基準にはすぐれたものがあると思う。

いずれにせよ、あるべき筋としては、この国民の欲求が種々の政治活動を誘発し、最終的には国会議員の投票行為を経て刑法制定に至るのである。そして、この国民の欲求の根底に個々の人間の欲求がわだかまっていることはいうまでもない。他方、あるべからざる筋として、様々の要因が刑法の制定を怠らせたり、逆に国民の欲求の外で刑法を制定させたりするが、それらの諸要因も、遠近大小様々に関連し枝葉のように分かれていても、根源は人間の欲求に帰着する。究めてみればまことに単純な、まさに当然と思われるものしか出てこなかったが、刑法の根底にあるものは、この人間の欲求であった。

付　録　法律学を学ぶ意義

心が定まっていないと物事は何も成就しない

今日私が「法律学を学ぶ意義」というテーマを掲げて諸君に話しかけようとしたのは、諸君の中に法学部へ入ったけれども法律学を学ぶ意義が正確につかめず、そのため心が決まらずにウロウロしている人が必ずいると思ったからである。この人生では心が決まっておらず、腰がすわっていないと、物事は何も成就しないし、大切なその日その日を空費してしまうことになる。

私が若いときに読んだヘルマン・ヘッセの「デミアン」という小説の中に、次のような趣旨の文章があったように記憶する。ある男が星に恋をした。星と一体になりたいと思った。そこである星の美しい晩、断崖絶壁の上に立ち、星に向かって飛んだ。しかし彼は断崖から飛んだとたんに「あっ、しまった」と思った。彼は奈落の底に落ちてこなごなに砕けて死んだ。

また別な男が星に恋をした。どうしても星と一体になりたいと思い、ある晩断崖の上から星に向かって飛んだ。彼は心から星といっしょになれると確信していたので、星と一体になることができた——。

このヘッセの言葉は、この人生ではこうしよう、こうなろうと一〇〇％思い込まなければ絶対に物事は成就しないということを教えているのだろうと思う。信念が九九％の場合でも、一％の躊躇があればだめだということだ。私のこれまでの経験でも、確かにこの人生では、目標が達成できるかどうかは心の決め方いかんによるように思われる。もちろん物事を成就させるためには、行動を起こすタイミングとか、戦略、戦術というようなものも必要だけれども、そういうものも心がガッチリ決まってさえいれば自然に明らかになってくるものではないかと私は考えている。

諸君はすでに法学部に入ってしまっている。法律学を介して、ここにわれわれと相集うたのも、浅からぬ他生の縁といわなければならない。ここでまずもって私が諸君に対していいたいのは、諸君の人生を、そして諸君の全身全霊をひとまずこの法学部に預けてもらいたいということである。

法学部へ入る動機は漠然としたものであってよい

さて諸君はいったい何を志して法学部に入ったのか。これは必ずしも明らかでないだろうと思う。大部分の人は、あまり正確に考えないで、ムードで入ってきたのではないだろうか。しかし私はそれでいいのだと考えている。だいたい法学部で何を学ぶかを正確に理解するためには、学ぶ対象である法律がどんなものかを知らなくてはならない筋合いであるが、そんなものは大学を卒業して初めてわかることで、高校生にそんな知識があろうはずがない。法学部はだいたいどういう学部かという漠然たる印象を学部選択の基礎にしていいし、そうせざるをえないということになるわけである。

のみならず、だいたいこの人生では、重要なことほど偶然に左右されて決まっている。われわれ人間は、昼めしでそばを食おうかめしにしようかというようなことは真剣に考える。しかし人生の最大の分かれ目といわれる就職とか結婚、こういうことはほとんどが偶然によって決まっているのに気づく人は案外少ない。たとえば諸君の中にはもう恋人を持っている人がいるだろう。この人をおいてほかに私の生涯の伴侶はいないなどと思いつめている人もいるに違いない。たしかに恋は、全世界の異性の中からこの人ひとりを選んだという感情なしに成り立ちうるものではないだろう。しかしその恋人はいったい何人の異性の中から選んだのか、どういう機縁で知り合ったのか、これを考えてみるがいい。この人生では、一大重大事ほどほんの偶然によって決まっているのである。

こうしてみると、学部を選ぶに際し何を志して法学部を選んだかは余りはっきりしなくてもいいわけであるし、また第一志望の学部に落ちて偶然法学部に入ってきたのでもいっこうに差支えない。しかし縁あっていったん法学部に入った以上は、法律を学ぶ意義というものをはっきりととらえておかないと、フワフワして腰がすわらないことになってしまう。たとえば経済学部に行った友人が「日本資本主義発達史」というような本を持って歩いていると、あたかもその友人が日本の将来を切り拓いて行く人ででもあるかのように思われ、経済学がとても高級な学問のように思えてくる。文学部に行った友人が、たとえば「ボードレール詩集」などというのをこわきに抱えているのを見ると、文学こそが人間の魂を追求する深く高いもので、自分の勉強している法律学などは何となく世俗的で技術的で、泥くさく思えてくるというようなことになる。確かにどうしても法律学が肌に合わないという人はいるだろう。しかし法学部に見切りをつけるにしても、法律学を学ぶ意義を十分に考慮した上でのことでなければ、それは単なる浮気にしかすぎなくなってしまう。それではどの学部に行っても常に隣の学部がよくみえるということになりかねない。そこでこの話をするはこびとなったのである。

法律学を学ぶ意義は法律実務家になる人とそうでない人とで区別はない

ところで法学部の学生諸君に法律学を学ぶ意義を考えてもらう際の一つのやり方は、判・検事、弁護士というういわゆる法曹、すなわち法律実務家になりたい人と、そうでなくて、たとえば会社とか官庁などに入ろう、あるいは家の仕事を継ごうとしている人に分けるというやり方がある。確かに判・検事、弁護士になる人は、法律そのものがめしの種でもあるし、大学における法律学の勉強がそのまま司法試験の受験に役立つ。そういう意味で、そうした人の場合は法律学を学ぶ意義が比較的はっきりしているが、これに反してその他の人の場合にはそれがぼやけたものになりがちだという違いは否定できない。最近まで、私はこの両者につき別々に法律学を学ぶ意義を考えてきた。今でもそのように説かれる先生は多い。

しかし私は、最近多少考えが変わってきた。判・検事、弁護士という狭義の法律家を含めた広い意味の法律家というもの、つまり法学部で法律学を修めた人が、たとえ法律を使う職業であってもなくても、また法廷に立っても立たなくても、社会のあらゆるところにたくさんいることが必要だと考えるようになったからである。とすれば、大学で法律学を学ぶ意義は、狭義の法律家になる人とそうでない人とで全く同じでよいし、また同じでなければならないということになるわけである。最近ではそう思うようになってきた。それではいったいなぜ法学部で法律学を修めた人が社会のあらゆるところにたくさんいることが必要なのか、その役割は何かということについて、もう少しくわしく説明してみたい。

法律は紛争の診断と解決の手段である

元来法律というものは、争いが起こったときにどちらを是とし、どちらを非とするかの基準である。いいかえれば、法律は本来紛争の診断・解決の基準であり手段であるということになる。紛争がなければ法律は要らない。理想社会がきたら、法律はなくなるであろう。ところが、元来紛争というものは、とりもなおさず人間の利益と利益の対立である。いいかえれば、欲望と欲望の対立であるといってもよい。欲望がなくならない以上は紛争は決してなくならない。法律は、人間の社会生活のあるところ常に必要なものである。

法律がそういうものであるとすれば、法律家、法律専門家というのは、紛争解決の専門家だということになる。その典型的なのが判・検事、弁護士というわけである。とくに前二者は、国家的レベルにおける紛争診断者、解決者だといってよい。しかし、だいたいこの世の紛争がすべてそれらの判・検事、弁護士といった実務家の手をわずらわして解決しているかというと、決してそうではない。むしろそれらの人たちに登場願うのは、紛争の中のごく一部分にしかすぎない。大部分はそれぞれの社会の中で、適当な方法で処理されているのである。

紛争は必ずしも法的な性格のものだけではない

紛争の中には、法律制度に関する知識があれば解決が容易なものが確かにある。たとえば近所の人から次のような法律相談を受けたとしよう。五歳の子供が自転車でおとなにけがをさせてしまった。被害者は親である私に損害賠償請求をしてきた。いったい損害賠償をしなければならないのかどうか。ところがその事件の場合、被害者にも少し落度があるようである。そのような場合にはどの程度損害賠償をすればいいのか。このような争いは、法律制度に関する知識があれば比較的解決が容易な性格のものであるといってよい。

しかし、すべての紛争がこのように法律制度に関する知識があれば解決容易なものではない。むしろそれもまたごく一部にしかすぎないといってよい。ただ、この世の紛争の中には、必ずしも法律制度に関する知識は役立たないけれども、法的なものの考え方があれば解決が比較的容易なものもある。たとえばある地方公共団体の市民会館を暴力団が集会に貸せといってきた。諸君は市役所で市民会館を貸すか貸さないかの決定をする職務に携わっていたとする。諸君は一体貸すべきなのだろうか、貸してはならないのであろうか。また、たとえばボクシングの試合で審判が早過ぎる時期に一方の勝ちを宣してしまった。観客がおこって、コーラのびんや灰皿などを投げ、場内騒然としてきた。この騒ぎをいったいどうやって収めるか。このような紛争については、必ずしも法律制度に関する知識は役立たないけれども、法的なものの考え方があると解決が比較的容易だといわなければならない。

さらに紛争の中には法的なものの考え方すら直接役立たないようにみえるものもある。たとえば諸君が東京大学に落ちて早稲田大学に入った。おふくろさんは早稲田に籍をおいたまま受験勉強をしてもう一度東大を受けろという。おやじさんは早慶戦を応援に行ったり何かして早く早稲田にとけこめという。一体諸君はどちらを選ぶべきか。諸君があるサークルに入った。おやじさんはサークル活動を大いにやれという。おふくろさんは大学でサークル活動なんかするものじゃない、勉強しろ、サークル活動はやめろという。これもまた利益と利益の対立、欲望と欲望の対立、すなわち紛争である。社会生活上の紛争の中には、このように一見すると法的なものの考え方すら直接関係ないように思われる——後述するように、実はやはりこれにも法的なものの考え方が必要なのであるが——そのような紛争もある。

いずれにせよ、社会生活のある一角で大なり小なりの紛争が起こり、これをどうしたらいいのかが問題となった場合、もっとも期待されるのは広い意味の法律家、すなわち大学で法律学を学んだ人ということになるのではないかと私は考えている。

法律家が紛争の診断と解決に期待される理由

それではいったいなぜ法律家が紛争解決、少なくとも紛争の診断に期待されるのか。法律家はまず第一に、法律制度をある程度知っているからである。もっとも大学を卒業したというだけでは、法律制度を十分に知っているとはとてもいえない。試験のときには覚えていても、大部分は忘れてしまうからである。しかしそのような法学部出身者でも、素人に比べると法律に関する知識は圧倒的に多い。たとえば法律にはどんな種類があるか、判例とは何か、どのような文献を読んだらいいか、六法の引き方はどうするか、というようなことは、素人は知らないけれども、法学部の出身者であれば、大学時代相当怠けた人でも、そのぐらいのことは知っている。

第二に、法律家は法的なものの考え方というものを一応身につけている。リーガルマインドといわれているものがこれである。この法的なものの考え方にはいろいろな側面がある。たとえば網の目的な思考というのがその一つの側面を成すものと考えている。この次元の問題とあの次元の問題とを分け、一定の論理的順序を経て物事を考えていくという思考方法がこれである。さらに、結論が常識に合致するということも、法的なものの考え方のもう一つの側面ではないかと考えている。

しかし法的なものの考え方のもっとも重要な特色というのは、相対立する利益を比較衡量して結論を出すというものの考え方である。たとえば正義の女神ユスティティア（Justitia）といわれているローマ以来の像がある。ユスティティアの像には、実にいろいろな形のものがあるが、多くに共通なのは、まず第一に目隠しをしていること、第二に片方の手に秤りを持ち、もう片方の手に剣を持っているということである。当事者の一方が身分の高い人であったり、美人であったりすると、そちらの肩を持ちやすいので、そのようなことのないよう目隠しをする。そして、けんかを裁くときすぐ使いたくなる剣はむしろ後ろに引っ込めて、秤りでもって物事の是非、善悪を判断する。それがユスティティア、正義の女神にほかならないのである。

たとえばある殺人を考えてみるとよい。両親、兄弟が無残に殺され、家が荒され、家が焼かれた。法律家はその遺族の、犯人に対する激しい怒りというものを十分に考慮しなければいけない。むしろその怒りをわが怒りとしなければならない。しかし、他方犯人にはそのような殺人を行なうだけの何らかの動機、事情があるかもしれない。たとえば犯人は幼くして両親に死に別れ、まわりの人々からつまはじきされて育ったというようなかわいそうな事情があるかもしれない。あるいは、被害者から全人格、全生活をめちゃめちゃにされるほどしいたげられ、そこから逃れるためやむにやまれず殺したという事情があるかもしれない。法律家はその両方を十分に考慮した上で、殺人に対する刑を言い渡すのでなければならない。小説家はそのどちらか一方に比重をかけて強調をし、そして小説を書くことができる。しかし法律家はその一方だけを強調することはできない。それは許されないのである。

法律家は社会の知恵者である

この二つ、法律制度を知ること、そして法的なものの考え方を身につけること、これをトレーニングするのが大学の法学部にほかならない。これを一応マスターした人が法律家なのである。こうして見ると、広い意味の法律家というのは、利益と利益が対立し、争いが起こったときにどちらをどれだけ正しいとし、どちらをどれだけ立てられるかを判断し、そしてそれを当事者およびまわりの人に納得させることのできる人だということになる。それはまさに「社会の知恵者」にほかならない。そういう社会の知恵者、法律家は、争いのあるところ、つまり社会生活のどの部分にも必要とされるわけである。

しかも、ひょっとすると、法的なものの考え方が必要なのは、単に「紛争」とか「争い」とか名づけられる場面ばかりでなく、およそ見解が対立して、そのどちらかをとらねばならない場合のすべてがそうなのではなかろうか。たとえば保守政治の腐敗という事実がある。保守政治にもよいところがないではない。そこで保守政治の構造を維持したままこの腐敗が防げるか。それともはやそれは不可能で、これを根底からくつがえして社会主義国家を実現せねばならないか。それも政権移譲によるべきか、暴力革命によるべきか。こうした見解の対立に対し道を示すには、政治学、経済学などの深い学識がいることはいうまでもないけれども、幾層にもわたって相対立する利益を冷静に比較衡量するのでなければ、作戦は必ず失敗するであろう。そしてこのことは、先ほど述べた、東大を再受験すべきか、サークル活動を続けるべきか、という問題にもまったく同様にあてはまるといえよう。

このように考えてみると、上はこのような国の前途に関連する重大事から、下は家庭での、職場での、あるいは友人間の見解の対立に対し正しい結論を与えるためには、法的なものの考え方が不可避であることがわかる。社会生活は、いたるところで知恵者を必要としているのである。諸君が大学で法律学を学ぶ意義は、諸君一人一人がそのような意味での社会の知恵者になるためにほかならない。私はむしろ、すべての人に法律学を学んでもらいたいとさえ思うぐらいである。

法に顔があるとすれば、それはどんな顔か

さて、このようにして法律学を学ぶ意義がだいぶ明らかになってきたと思うが、そのような法律家、知恵者たるためには、いったい大学で何をし、どのようなことを心がけねばならないのだろうか。

三月の末だから数日前のことになるが、私は私の大学の卒業式で、法学部の卒業生諸君に対して次のような一見奇妙な話をした。諸君、法にもし顔があるとすれば、その顔はどのようなものであろうか。これを諸君は一生かかって考えてもらいたい。そしてそのような顔をした法に、諸君自身がなるように一生心がけてもらいたい。このような話をしたことがある。表現はやわらかいが、内容の深い法哲学的な問題である。この問題を、ここで諸君にもまた投げかけてみたい。

たとえば法の中に刑法という法律がある。いうまでもなく、違反をすれば刑罰を科せられる法律である。刑罰には死刑とか懲役、罰金というようなものがあるから、刑法は法の中で一番こわい法律であるといってよい。さて、その刑法の顔はどんな顔であろうか。素人はおそらく、刑法はお寺の山門にある仁王様のようにこわい顔をした法律だというふうに思うに違いない。

しかし刑法はそんなに単純なものではない。確かに違反すれば死刑を含む刑罰を科すのだか

ら、刑法にはこわさ、厳しさ、いかめしさがあることは否定できない。しかし刑法の顔がそんなこわいものだけであるとしたら、犯人が罪を犯すに至る気の毒な事情を考慮するなどということは、とてもできないはずである。まして犯人が罪を悔い改め、罪を贖《あがな》い、真人間になって更生することを願い祈る心などを持つはずはない。しかし刑罰は元来それらすべての機能を営むものでなければならないとされている。したがって刑法の顔の中には、被害者の親、兄弟の悲しみや怒りも、犯人に対するいたわりも、犯人の将来に対する願い、祈りというものも入っている。そして犯人が罪を犯すに至った動機を十分理解しながら、しかし刑罰を科さねばならぬ、その判官の涙もまた入っていなくてはならない。それはいったいどういう顔だろうか。

昭和四十年代の大学紛争華やかなりしころのことだが、ある法学部のOBが私を訪れてきた。そのOBがいうには、私は司法試験に合格したけれども、司法研修所で採用してくれない。なぜかというと、私は学生時代にある過激派のセクトに入って警察に逮捕されたという前歴があるからしい。そこで最高裁に頼んでみたところが、親と保証人と一緒に出頭して、十分な保証がある場合には研修所への入所を認めてもいいといっている。そこで先生に保証人になってもらいたい。その依頼のために彼は私のところへやってきたのである。そこで私はいろいろ話を聞き、また私の方からもいろいろ話をした上で、彼のおとうさんと一緒に最高裁へお願いに出かけ、保証人の書類にサインをした。それかあらぬか彼は研修所へ入ることができ、無事修了して、今は弁護士となって大活躍している。

彼のおとうさんは、兵庫県のある町で高等学校の校長先生をしておられたたいへん立派な方である。彼が司法研修所への入所を認められた少しあと、思いがけず彼のおとうさんから大きな小包が届いた。何だろうと思ってあけてみると、中から出てきたのは、何と白い焼物の観音さまの像だったのである。そういえば彼の郷里は兵庫県の出石《いずし》というところで、きれいな白磁の焼物――出石焼――ができるところだということを聞いていた。おとうさんは白磁の美しい観音像を私に送って下さったわけである。

私は箱から出てきたその観音像を手にとって、しばらくじっとながめていたが、その観音さまの静かな顔の中に、私はおとうさんのわが子に対するいろいろな想いがこもっているように思われてならなかった。すくすくと育っていく幼いわが子に対するあふれるばかりの愛情、息子が大学に入ったときの誇らしさ、頼もしさ。子供が過激派に走ったときの苦しみ、悩み。何をいっても通じない断絶感、絶望。しかしそれにもかかわらず立派な社会人になってほしいという期待と願い。そして司法試験に合格し、司法研修所に入所を許されたときの喜び、そういったおとうさんの深い深いいろいろな感情がすべてその顔にこもっているように思われた。しかしさらにその像を見つめているうちに、この顔はそのような単なる個人の喜怒哀楽を超えているものではないか、ということに思い至った。その瞬間である。これは刑法そのものではないだろうか、刑法にもし顔があるとすれば、それはこのような顔に違いない——。このような、今まで一度も考えたことのない着想が、電撃のように私を貫いて走ったのはその時のことであった。

法律家は神仏に成り代わって紛争に裁きをつけるもの

元来人間が人間を裁くことなどはできないはずのものである。つまり二つの利益が相対立して、そのどちらをどれだけ立てられるか、どちらがどれだけ正しいかを正確に判断するためには、その二つの利益のよって来たるところをすべて総合的に理解した上でのことでなければならないはずのものである。そんなことは本当は人間にできるはずがない。人間の知識、理解には限りがあるからである。それができるのは、知識、理解に限りのない絶対者、あるいは神、あるいは仏と呼ばれる絶対者にほかならない。

しかし、だからといって争いをそのままに捨てておくわけにはいかない。これを捨てておくと、必ずけんかが起こり、けんかがさらにけんかを生み、そして戦争状態になってしまうからである。だれかが神仏に成り代わって裁きをつけなければならない。それをするのが、ほかならぬ法律家ではないだろうか。

社会の知恵者たるためには何を学ばねばならないか

したがって法律家は、一方において法律制度に通暁することが必要であるとともに、他方において神仏の判断にできるだけ近い判断をし得るようにトレーニングしなければならないこととなる。その心構えには、三つの柱があるように思われる。

第一は相対立する利益を比較考慮して、ギリギリの悩みの末に、しかも必ず結論を出すという習慣をつけることである。第二は相対立する利益の発生する根拠をたずね、その意義を正確に把握し得る能力を身につけることである。第三は相対立する利益の持主の立場、あるいは心というものを十分理解し得るだけの情操、やさしさを持つということである。

このような能力を身につけるためには、いったい何をすればいいか。第一の点についていえば、まず法律学の中にもぐり込むことが必要である。大学で学ぶ法律学が自分の人生にとって直接関係があろうとなかろうと、あるいは自分の人生に直接役に立とうと立つまいと、とにかくわからなくても、つまらなくても、法律学の中にもぐり込むということがまず必要である。はじめから法律学が面白くてたまらない人など、この世にいるはずがない。もぐり込んではじめて、その面白さがわかってくるものである。

第二の点についていえば、他の社会科学、たとえば政治学、経済学、心理学、社会学、それに哲学、歴史、これらの周辺科学を学び、いわゆる一般教養を身につけることである。一般教養を学ぶということは、諸君にとってはまさに密林の中を行くようなことに違いない。自分の位置も行く先も、しばしばわからなくなってしまうからである。しかしその密林を切り開くようにして、しゃにむに本を読む、これが必要である。

第三の能力を身につけるためには、たくさんの小説を読むことである。人間というのは、元来わがままなもので、自分の立場、自分の心というのはよくわかるけれども、自分以外の人の心、立場というものを理解するのはむずかしい。自分以外の人のいろいろな立場、いろいろな心を理解し、それに対するやさしさを持ち続けるためには、小説その他の文芸作品をたくさん読むことが絶対に必要である。

諸君、ここまで読んできて、諸君のこれまで抱いてきた法律家像が根底からくつがえったことに気づかないであろうか。はじめからこのような像を画いていた人があったとしたら、それはすばらしいことである。

法学部の勉強は青春をかけるに価いする

以上を総括してみると、法学部出身者に期待されているのは、社会生活の至るところに起こる争い、そして広くは見解の対立に対し、正しい解決の筋道を示すことである。それをもっとも正しく成し得る知恵者になるのが、まさに法学部出身者にほかならない。そしてその知恵者とは、単なる片々たる法律的知識の持主をいうのではなく、神仏の判断をなし得るもの、つまりその人の判断が同時に神仏の判断であるといえるだけの人、これが私のいう知恵者にほかならない。

諸君は幸いすでに法学部に入っている。幸いに、というのは、本来はだれでも身につけねばならない法的なものの考え方を学びうる学部に、それと知ってではないにしてもすでに籍をおいたということである。諸君はもうそのような知恵者たるべく、運命づけられているわけである。それはたしかに容易なことではない。しかしそれは、諸君がその青春をかけ、全生涯をかけるに価いするすばらしいことであると、私は考える。

本稿は、昭和五一年四月五日、早稲田大学大隈講堂において同大学法学部の新入生に対し学部長として行なった講演の要旨である。

著者紹介

西原春夫（にしはら　はるお）

1928　東京・武蔵野市に生まれる。
1949～56　早稲田大学第一法学部および大学院法学研究科に学ぶ。早稲田大学助手(1953)、専任講師（1959)、助教授（1962）を経て早稲田大学教授(1967～98)
1962　法学博士（早稲田大学）
1962～64　ドイツ・フライブルク大学外国・国際刑法研究所に留学
1965～73　法務省法制審議会刑事法特別部会幹事
1970～79　法務省司法試験考査委員
1972～76　早稲田大学法学部長
1976～82　法務省法制審議会監獄法改正部会委員
1978～82　早稲田大学理事、1980年より常任理事
1979　ドイツ・フライブルク市のマックス・プランク外国・国際刑法研究所に留学
1982～90　早稲田大学総長
1983～95　法務省矯正保護審議会委員、1991年より会長
1984～92　日本私立大学連盟および日本私立大学団体連合会副会長、1988年より会長
1985～89　文部省教育課程審議会委員・副会長
1988～92　全私学連合代表
1988～93　文部省大学設置・学校法人審議会委員・副会長、1991年より会長
1988～95　文部省学術審議会委員、1991年より副会長
1991～93　総務庁第三次行政改革推進審議会（行革審）委員
1991～　社団法人青少年育成国民会議副会長、1993年より会長
1991　ドイツ連邦共和国より第一級功労十字勲章授与
1995～98　早稲田大学ヨーロッパセンター（ボン）館長
1995　上海市政府より白玉蘭栄誉奨授与
1998　早稲田大学を定年により退職
1998.4　学校法人国士舘理事長

○名誉博士

高麗大学（韓国)、アーラム大学（アメリカ)、ラサール大学（フィリピン)、シドニー大学（オーストラリア)、モスクワ大学（ソヴィエト連邦)、アウグスブルク大学（ドイツ)

○名誉教授

早稲田大学（日本)、中国人民大学（中国)、華東政法学院（中国)、武漢大学（中国)、極東国立工科大学（ロシア)、吉林大学（中国)、黒龍江大学（中国)、社会科学院（中国)

○主な著書

間接正犯の理論（昭和37年・成文堂）
刑事法研究第１巻、第２巻（昭和42年・成文堂）
刑法総論（昭和43年・成文堂）
交通事故と信頼の原則（昭和44年・成文堂）
犯罪各論（昭和49年・筑摩書房）
交通事故と過失の認定（昭和50年・成文堂）
刑法総論（昭和52年・成文堂）
刑法の根底にあるもの（昭和54年・一粒社〈初版〉）
大法廷判決巡歴　刑法Ⅰ（昭和57年・日本評論社）
犯罪実行行為論（平成10年・成文堂）
21世紀のアジアと日本（平成14年・成文堂）

成文堂選書40
刑法《けいほう》の根底《こんてい》にあるもの　増補版

2003年８月10日　初版第１刷発行
2005年３月13日　初版第３刷発行

著　者　西《にし》　原《はら》　春《はる》　夫《お》

発行者　阿　部　耕　一

〒162-0041　東京都新宿区早稲田鶴巻町514
発行所　株式会社　成　文　堂
電話 03(3203)9201　Fax 03(3203)9206
http://www.seibundoh.co.jp

製版印刷　藤原印刷　　製本　佐抜製本

ISBN4-7923-1621-9　C3032

定価(本体2300円＋税)

成文堂選書

1	愛と家庭と (本体3000円)	京都大学教授	前田達明
2	摩擦時代の開国論 (本体1200円)	早稲田大学教授	池田雅之
3	変革の時代の外交と内政 (本体1500円)	元東京大学教授	鴨　武彦
4	産業革命の思想と文化 (本体1700円)	九州産業大学教授	佐伯宣親
5	農業が土を離れるとき (本体1500円)	早稲田大学名誉教授	小林　茂
6	刑法の七不思議 (本体1800円)	上智大学名誉教授	ホセ・ヨンパルト
7	イギリスにおける罪と罰 (本体2427円)	元亜細亜大学教授	柳本正春
8	現代世界の構造 (本体1650円)	早稲田大学名誉教授 高崎経済大学教授 慶応義塾大学教授	大畑篤四郎 高瀬　浄 深海博明
9	民法随筆 (本体2500円)	京都大学教授	前田達明
10	人間の尊厳と国家の権力 (本体2136円)	上智大学名誉教授	ホセ・ヨンパルト
11	民法学の内と外 (本体2427円)	元神戸大学名誉教授	石田喜久夫
12	学校のユートピア (本体2718円)	早稲田大学助教授	岡村遼司
13	ブルジョワと革命 (本体2427円)	明治大学講師	浜田　泉
14	脳死論議のまとめ (本体2427円)	京都大学名誉教授	中山研一
15	コミュニケイション行為の法 (本体2000円)	広島大学教授	阪本昌成
16	現代科学のコスモロジー (本体2427円)	麗沢大学助教授	立木教夫
17	イギリス人の日本観（新版） (本体2233円)	早稲田大学教授	池田雅之
18	暇つぶしは独語で (本体1900円)	京都大学教授	初宿正典
19	インディオの挽歌 (本体2800円)	早稲田大学助教授	山崎真次
20	論考・大津事件 (本体2800円)	関西大学教授	山中敬一
21	日本憲法史の周辺 (本体2500円)	京都大学教授	大石　眞
22	日本国憲法哲学 (本体2500円)	上智大学名誉教授	ホセ・ヨンパルト